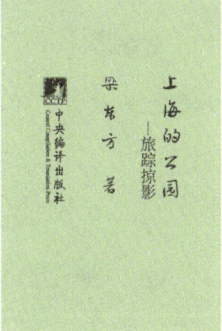

上海的公园——旅踪掠影

吴志方 著

中央编译出版社

公园,是大都市必不可少的一道景观。我从小在上海长大,但对上海的公园,也仅知复兴、中山等几家孩提时就去过的,和平、杨浦等几家50年代以后新建的,还有古色古香的豫园、古猗园,以及别具特色的桂林公园等,别的就不甚了然了。本书可谓上海公园的小百科全书,现有的上海大小公园一网打尽,它们的历史和沿革,它们的有趣故事,均娓娓道来,引人入胜。有些新开的公园,我都没听说过。而上海公园的变迁也见证了时代的变迁,生动地显示了人们环保意识的不断加强。作者不是上海人,但对上海公园的一往情深,我这个上海人自叹不如。

陈子善

代序

老哲

今年四月上了一趟黄山，天都、莲花二峰轮流封闭维护，以十年为期。十几年前登上过天都峰，这次恰逢莲花峰开放。艳阳高照，温度宜人，未到旺季，一路上人流络绎不绝，还未摩肩接踵。顶峰上却由于空间狭小而人满为患了。围绕那块刻着1860米的石碑，人们排队拍照，争吵不休，拍完的人得给后来的人让开位置。我选了一个距离石碑最远的地方坐下，取出耳机，用手机播放贝多芬的弦乐四重奏，立刻将近旁之人排除，对着阳光下的群山，我闭目而视，静静地独处了一个小时。面对大自然时，我知道自己想要什么，也知道怎么把外界的干扰排除，我不允许自己错失那生命中的最珍视之物。我们的有生之年如此短暂，剩下的光阴屈指可数，把时间花在哪里，比把钱花在哪里，更须慎重，也说明一个人的好恶。东方的喜欢公园，我是一向知道的，以北京的公园为例，我在这里定居，去过的公园却远没有东方去过的多。至于上海，我印象中自己只进过鲁迅公园，并且只拜谒了鲁迅墓，公园里面的景象，竟然一点也回忆不起来。我去上海次数不多,从未在那里长居过,所以对上海的了解十分有限,对上海公园的了解更少。全世界的大城市,正在变得越来越相像,这并不是什么令人赞赏的趋势。好在那些根源于地方文化和人类品性深处的东西,还不时会从同一的体制化的框架中挣脱出来,向我们展示它生动的多样性的存在。在北京住习惯的人,到上海后会很不习惯,反过来也一样,这里不存在谁对谁错的问题,由不习惯的眼睛去看,总能见到习以为常的眼光忽视的东西,这或许正是东方这个非上海人来写《上海的公园》的价值所在。

写作之于我和东方而言,是出于个人的观察、感受以及在此基础上的思考,对我来说,还有一个重要的源头,乃是阅读。喜欢买书,便会逛各地的大小书店,上海的书店,给我最强烈的感受,是那些店员用上海话说书名和作者姓名——特别是自己熟悉的外国作家姓名时带给我的惊讶。上海的出租车司机,车开得飞快,从不跟乘客聊天,车技高超,路虽狭窄多弯道,但令人放心。在最短时间内将乘客送达地点,既节省乘客时间,也让自己可以多挣钱,工作效率一流,相比之下,北京的出租车那种慢条斯理的开车作风和爱聊天儿甚至好教训乘客的口气,简直是拿工作当娱乐。

因为喜欢游泳,我每到一地,必去其游泳馆。上海的好几个游泳馆都给我留下了深刻的印象。我忍不住会拿北京、东京、巴黎的游泳馆去对比。一天中开门时间最长的,无疑是上海,早上六点到晚上十二点,北京通常是上午九点或者十点才开门,并且上海游泳馆的票价在不同时段是有差别的。

这在我所比较的这四个城市里绝无仅有。柏林的游泳馆周末两天是5欧，比平日的3.5欧略贵。北京的游泳馆大多数是不计时间的，只有水立方和英东例外。上海却严格计时，超时十分钟按半场计费，超过半小时收全场费。我在入水之后不得不去寻找哪里悬挂着钟表。在上海游过的一个特别的泳池，忘了名字了，圆形大锅一般，深水潜水无明确的分界，也无泳道，横七竖八，早上第一场，竟然人数众多，似乎想怎么游都可以，但却还能不撞到一起，我实在佩服大家普遍的灵巧。救护高高地坐在一个台子上，手持超长竹竿，需要救助某人时他并不下来，及时准确地把杆子伸到那人面前，同时还嘲讽几句，我听不太懂上海话，但知道那大意是你水平不行就别到这个需要水平的地方。北京绝大多数游泳馆是分浅水池深水池的，进入深水池，须持有深水合格证，深水池的救护，并不总坐在高台上，身边也没有长竹竿，他们要么玩手机，要么绕池水快步走健身，充分利用着工作时间。东京的救生员是立在池边并目不转睛地盯着每一名游客的，劳动强度如此之高，每两个小时会让游泳者离开池水，好让救生员休息十分钟。巴黎的帅哥美女救生员最潇洒，他们身着统一的服装每人戴同样的墨镜四五个人并排坐在池边的长椅上有说有笑，谁也不朝水面看一眼，你觉得他们不是在工作，而是在度假，眼前是塞纳河美景，埃菲尔铁塔，看惯了的他们却不屑一顾。同样一件救生员的工作，上海的"忙"，北京的"散"，巴黎的"闲"和东京的"累"，实在是特色鲜明，绝对不能互换对调。我觉得自己去过东京和巴黎之后，能够把上海看得更清楚。

全世界的城市的公园,大同小异,无非是草坪、树木、花卉、湖水、池塘外加一些将它们分隔开来的小径道路、栅栏长椅之类,但这是元素上的相同,怎么安排却还是差异很大的,因此出来的效果也有天壤之别,加上历史所赋予的纪念价值,就越发不可同日而语了。公园当然不是自然之物,虽然离不开地理地貌气候环境这些非人为因素;北方人看南方,自然会有生出异样的感慨,即便是对于季节的变换,比如秋天,你也忍不住会同意东方的如下说法。

在南方的秋天的舒适里,十分让人怀念北方秋天里的凄凉,实在也是一种难得的美啊!

公园作为一个公共休闲空间,主要还是为附近的人所利用,因此也很能体现居住在近旁的居民的需求和他们的特性。这也是为什么东方这本写上海公园的书里,实际上有很大的篇幅在写人,或者说他对于公园内外的人的观察与感受。作为一个国际化大都会,上海与东京有很多相似之处,上野公园去过很多次,都不在樱花的季节,对着那遍野的樱树,你并不能想象它们开满花的样子,人的想象力真的有限,越具体的事情,越无法凭借想象。一百多年前鲁迅留学时,杂文里曾提到过上野的樱花和大清国留学生那盘在头上的辫子。鲁迅一辈子除了故乡绍兴之外,住过的城市主要就是东京、北京和上海,从他的诸多文字里寻觅他对于这三地的印象,是一件十分有趣的事。上野公园，除了西乡隆盛的牵着条狗的雕像外，我印象最深的是卖艺者的各种演唱，经常变换，有些十分精彩。巴黎去得较多的是拉丁区的卢森堡公园，乔治桑的白色雕像前少不得留影，环绕中心地带一周的十几尊贵妇雕像我曾经逐一拍照。这个公园除了固定的长椅外，还免费提供可以随意移动的靠背椅，你可以把它搬到任何你想坐的地方。北京的公园，最喜欢的当然是颐和园，差不多每个季节都要去个至少一两回，北海公园也不错，值得一提的是2001年冬天亨利·摩尔的雕塑环绕北海公园展示，凌冽的寒风，吹在这些从英伦三岛上不远万里运来的青铜雕像上，那圆润的人体似乎能散发出某种温度，至今想起来，心里还热乎乎的。相比之下玉渊潭、紫竹院、陶然亭就逊色许多，虽然也去，但并不当回事儿。东方逛公园的热情，我几乎从来没有过。

应该在公园的每一个角度上都坐一坐，这是逛公园的一个不二法门；只有从各个角度上都去静静地欣赏了一定时间长度以后，你才能领会这公园设计上的诸多妙处。

有了东方这样的用心，公园的建设者算没有白费功夫。读到这里，我真的感到很惭愧，自己好像从来没有把公园当作公园去考虑过，仅仅是走进去了，看见了碰巧在眼前的可见之物而已。

《上海的公园》一口气读下来，华山绿地的起伏有致，襄阳公园的法桐林荫道，徐家汇公园的黑天鹅，长风公园的女民兵雕塑，中山公园的百年老树，复兴公园与陌生人挤在一张长椅上的亲密与尴尬，静安公园里由旗袍的开合搅动起来的涟漪，光启公园里的中老年交谊舞，人民公园的征婚角和喂猫场景，世纪公园里听到的教堂的钟声，被新天地包围起来的一大会址，淮海公园里的自娱自乐，古猗园荡漾着的桂花幽香，篇篇引人入胜。写得最好的那篇，以我之见，不是任何狭义的公园，而是《住在新场古镇》。经东方这么一写，还真的勾起了我的兴趣，下一回去上海，除了游泳之外，要去抽空看看上海的公园。

人为什么要去公园？我们小时候受的教育，逛公园轧马路，近乎喝酒抽烟打牌，属于不务正业游手好闲之徒的不良行为，有志青年，即便是进公园，也是为了早晨跑步或者背英语单词，跟女青年花前月下依偎在人迹罕至处，在心里想一想都感觉到脸红。转眼四十年过去了，祖国各地的公园数量翻了好多倍，近些年绝大部分公园，还取消了门票，敞开了大门，一切需要的人，随时随地可以走进公园里散步，人生的种种如意和不如意得以排遣，当我们把目光投向外物与他人之时，自己内心深处的烦忧也随风而散了。东方的写作，有一个很大的特点，就是不在文章里美化自己，扮作成功人士自嗨。

那种不知来自何处，却又时时处处都存在着，且能被自己日甚一日地感觉得到的焦虑，那些生活的繁琐与重复、生活中可能的不公以及问题的无解带来的愤怒与恐惧、担心与忧虑……

在生活里待久了，谁不熟悉这些无法控制的情绪，谁不需要排遣一下，在你住所不远有个不大的公园，于是你独自走出了家门。

如果你有一位喜欢逛公园，还颇为用心地写下逛公园感受的朋友，那么下一次去到一个陌生或不陌生的城市，遇到公园的时候，也许你会情不自禁地走进去。

自序

城市是一片楼宇，是纵横的街道上永远川流不息的交通，是也许还没有去过但是已经屡屡听说过的只言片语；是地图上的一个点，是在与周边宏大的地理结构相互镶嵌着的一个区域，是抵达与出发的一个交通枢纽，是列车时刻表上一片密密麻麻的数字排列；城市是具体的亲戚朋友的往还之中所带来的，虽然你还从未涉足却已经具体化到了他们身上的某种特定气息。

城市是人类社会发展到一定阶段的时候习得的聚居方式，从自然而然到刻意建设，将其作为经济与文化的发动机、保护壳，又因为这个发动机和保护壳的历史漫长而让其本身也成为人类社会中显著的意味符号。以至于人们对一个地方的观感和印象，对一个地方的评价和认知，往往就直接说的是那个地方的城市，而完全不及其余——其余的面积通常都会是更为广大的城郊和乡野。

与此同时，如果不是去走亲访友，不是做生意买卖，不是出差公干，不是途经转乘，甚至也不是专门的旅行，那城市还在什么样的意义上对你成立？你又如何能循着某种线索展开对一座城市的认知?

在所有已经被规定过了的认知渠道之外,一定还存在着诸多的可能性。比如逐一地去走一走这座城市的公园。这既是一种认知体会的方式,也一定是一种人生方式,是我们面对这个世界的时候几乎无限的可能性中的一种。

游览一座城市、一座陌生的大城市的公园,可以体会其相对悠闲的品质,看到暂时置身商业社会以外的人们从容不争的一面。可以在千篇一律的不无戒备的紧张面孔与匆忙脚步、冷峻表情和锱铢必较的态度之外,稍微看到一些属于人类相对"无事"状态里本应该有的恬适与悠然,让人在城市越来越异化的人群与社会缝隙里,重新寻得些美好平静的蛛丝马迹。

离开生活轨道去往公园的人,不是闲人也一定是到了有闲的年纪的人,就算还在事业与生命的鼎盛期的人,也一定是有了闲心或者是需要用闲适来纾解一下一向的紧凑与忙碌。

公园是一个相对外面的工业社会、商业社会来说被强制着带有了田园色彩的农业社会、自然社会的模拟之地。可以让一墙之隔的都市人进来,约略地回到那个田园牧歌的美好时代,在符合人性的"大自然"里获得片刻的喘息。

在这个越来越格式化的所谓的现代社会模式已将几乎所有的城市搞得千城一面的时候,每个城市中的公园还是多多少少地都保留着属于自己的地域与文化历史的特征的。外来的游客往往还能在异地的公园里看到一点点只属于这里的"不一样"。这也就是为什么拿着城市地图（如今已经简单到打开手机地图由导航引领的程度了）一副按图索骥之状的外人，重要的目标往往包含地图上那被高楼大厦簇拥着的一小片一小片的绿色飞地的原因了。

即使用最功利的说法也是：公园无疑属于一种所有人都有权享受的公共资源，一种由花草树木流水山池一起构成的城市中的有好空气、好风景乃至普遍的好心态的地方。到达一个城市，不去它的公园，怎么说都将是一种遗憾。我们不必是领着孩子，不必是去约会，只就孤身一人，也完全应该到那些异地的很少有机会到达的公园里慢慢地走一走，慢慢地看一看。

上海作为一座顶级的大城市，留给每个人的生活环境相对狭窄，不管是里弄还是高楼大厦，属于个人的空间都不大，而属于行走与休息的公共场所也往往并不宽敞。不过，在他们的生活范围里也并不是绝对就没有让人的眼目感觉舒服、身心获得舒展的所在，那就是城市里的公园。

上海的公园，历史未见得有多长，但是保持得相对都比较好，尤其是其间的格局样态基本上都还很好地体现着当初的设计者的构思，而那些老公园的设计大多出于当年的外国人之手，不管是法国的还是英国的，公园的格局甚至建筑还都在相当程度上依然有着异域的风貌。

至于1949年以后，及改革开放后历年建设的公园，也都有着在建设当年属于先进的理念、开风气之先的设计。其间的规划、建筑、植被、道路格局，都颇多可圈可点之处，尤其是公园里有可以一年四季几乎都生长的树木，积年累月，就在公园里形成了很多绿树成林的美妙景象。在这距离普通市民并不遥远的城市公园里，他们能很容易地寻找到舒适的天人合一、人与自然愉快相处的场景。

越是高度发达的城市，越是重视自己的绿地公园建设，这已经是世界性的普遍规律。无他，仅仅是因为人类发展到了所谓后现代社会以后蓦然回首，发现人是无法离开自然也必须要和自然在一起的。经常前往真正的自然会有现代城市人无法付出的成本，公园绿地也就顺理成章地成了最好的自然替代。公园在相当的程度上是人类对自然的回顾，不仅是对自然环境的回顾，更是对自己在曾经与自然融合的生活中的惬意的回顾。

由此看来，到上海这样的大城市来转一转公园，也就显得格外有意思了。

上海的公园——旅踪掠影

目录

Huashan Parkland
华山绿地的早春时刻　001

Xiangyang Park
襄阳公园的春与秋　007

Xujiahui Park
有红嘴黑天鹅的徐家汇公园　014

Changfeng Park
风儿拂过长风公园　023

Zhongshan Park
很多城市都会有的中山公园　027

Fuxing Park
在复兴公园里坐一坐　033

Jing'an Park
和街市自然融合的静安公园　039

Guangqi Park
光启公园的春　050

Luxun Park
鲁迅公园的庄重与热闹　057

The People's Park
063　走过人民公园

Century Park
071　世纪公园的钟声

Parks along Huangpu River & Suzhou River
078　黄浦江两岸与苏州河两岸的园林漫步

Daning Lingshi Park & Huangxing Park
101　大宁灵石公园和黄兴公园的像与不像

GongQing National Forest Park
105　共青国家森林公园里的森林景象

Liyuan Park
110　小小的丽园公园

Shaoxing Park
113　更小的绍兴公园

Taipingqiao Park & The New World
116　太平桥公园与新天地

Huaihai Park
120　北门外有一片法桐的淮海公园

The New Hongqiao Center Garden
有费德勒雕像和婚姻登记处的新虹桥中心花园　123

Post-Industrial Ecological Landscape Park
钢筋铁骨的后工业生态景观公园　127

Zhenru Ancient Town & Small Streets in Shanghai
真如古镇及上海的小街道　132

Yu Garden
游人必至的豫园　143

Back Beach Park & The World Exposition
后滩公园和世博会　147

Qiuxiapu Garden
嘉定秋霞圃　153

Guyi Garden
南翔古猗园　159

Xinchang Ancient Town
住在新场古镇　181

Dishui Lake & Nanhuizui Seaview Site
滴水湖和南汇观海景区　210

Xinzhuang Park
226　人气鼎盛的莘庄公园

Minhang Sports Park
236　绿树成荫的闵行体育公园

Minhang Cultural Park
241　万马奔腾的闵行文化公园

Nanhong Port Lookout Walk
245　专门看飞机的南虹港观机长廊

Wusong Paotaiwan Park &
Battle of Songhu Memorial Park
249　历史镶嵌在地里中：
　　　吴淞口炮台湾公园和淞沪抗战纪念公园

256　跋

01

华山绿地的早春时刻

Huashan Parkland

华山绿地，并非和西岳华山有关系的什么绿色险峻山地，而只是上海普通的一条街道边上的一块狭长的绿地而已。不过也应该承认，这个名字是讨了巧的，讨了那个著名的西岳的巧，让没有来过只是看到了名字的人，凭空就先有了与那著名的山岳有关的遐想。

我抵达上海，安顿下来以后出门随意而行，略略地看了一下地图，就到了距离不是很远的这片绿地。那种抵达一个地方以后走进第一片绿地的愉快，是只有身在外地的时候才会感觉异常鲜明的。这是旅行之所以具有持续的吸引力的一个重要原因，在别人的长住之地上可能多数人都已经没有感觉的地方，你作为一个临时抵达的人，往往就能获取崭新的观察角度和丰富的感知能力，这是人作为地球顶端生物的无数种愉快中，非常独特的一种。古今中外有很多被冠以旅行家之名的人，以及更多的普通的旅行爱好者，都曾经体会到其间流贯着的类乎神经兴奋剂使然的愉悦。

不在于眼前最先展开的是什么景区，是不是景区，高大上与否，而就只在于这样第一次抵达，并由此开启异地旅行的序幕的偶然机缘。

这块绿地虽然面积不大,但是起伏有致,有开阔的草原样的草地大树,有隆起的具体而微的高山样的森林土坡,无论哪里哪里,植被都很茂盛,树木也都老而粗壮。不只是说上海这地方一年四季树木几乎都可以生长所以树长得粗,更是因为种植在这里的树木已经有了十年的历史。

虽然地方不大,但是来历却相当了得,即使没有什么特别的文化沉淀,也至少有了时间的累积,这是上海的很多地方的一个共同特点。在这个只有一两百年的历史,在中国各地城市的年龄大赛中绝对算不上什么的所在,有很多很多被有意无意地保留下来的什物,从它们一诞生就像是被各个时代都共同遵守了一条底线,那就是一直让它存在下去,不管怎么样,都不能中间将其毁灭。

这样一来,虽然自己的历史不长,但是比起那些虽然历史很长但是总是在不断地折腾乃至毁灭之中的老地方,上海反而显得像是一个真正的老者。

一个地域里的人们的普遍性格与素养,最后往往也会在那个地方的诸如植被状态这样貌似无关的事情上有所体现;尽管这种论断在如今千城一面,哪里和哪里都越来越像是一个模子里刻出来的现实里,好象很值得怀疑了,但是只要细细地体会还是有那么一点点蛛丝马迹的——那是统一的文化和雷同的发展模式还没有来得及完全消灭掉的一点点不同地域之间的人身上的差别。

如今更为致命的一个原因是:在很多地方,街边上的或者绿地里的树木是绝对不可能让它长得这么粗大的，因为不更换的话就少了一大块花钱的事项，而不持续花钱、不持续花大钱的公共事业总是很难维持的；比如南京的著名法桐林荫道、郑州的法桐林荫道……但愿这样的议论，仅仅是人们对老树纷纷被砍伐的一种怨愤。当然，正面的例子也有很多，比如北京广播学院里的大杨树，仅仅是不值钱的杨树，多少年下来，哪一任领导也没有砍伐，就已经笔直而参天，成了那所著名学府一张最直观的环境名片。所以上海公园里的这些大树，还是会让人非常羡慕，羡慕一棵树只要让它一年年生存下来，就可以形成的美。

华山绿地周围都是居民区，距离最近的住宅楼几乎就身在绿地之中了，所以人气旺盛，各个角落里都是老人孩子，他们大都是一转身就能从家里走出来或者再走回去的那种人。他们身在寸土寸金的上海却竟然能拥有下楼就进入绿地的方便，近乎奢侈。从这个角度观察所谓上海人的生活，不知道具备不具备代表性。说它不是一般上海人的生活场景吧，它的确就是普通居民的普通生活状态；说它是，却总是有一点不一样，这不一样就是他们楼下就是华山绿地。

这个春天的下午，久雨以后转晴的天空下，华山绿地上出现了几组照婚纱照的男女。连带着，也就出现了望着新娘在早春时候还比较少见的春装看的闲人；追小狗的金发儿童，以及望着那金发儿童看稀罕的女人；倒着走的中年人，排排坐的老人，向着高高的树枝上喷药的工人，整修路面的民工，拎着刚刚在旁边的小摊上买的菜走路的家庭主妇;所有的角色都像是被安排好了似的,一一就位,都由着一个抽着烟凝视着这一切的汉子的视角,舒缓地、按部就班地上演着。而那汉子自己,也不过是这春天的下午的整个秩序系列中的一个小小的环节而已。

春天使万物复苏,人也跟着万物复苏;虽然人从未冬眠,却也不得不在冬天将自己沐浴天光的权利与享受做最大程度的收敛。在这样终于再次到来的融融恰切的和暖里,人与植物一共迎来的欢畅使他们惊奇地再次感受到了天人合一的久违欢欣。和煦的阳光,因为有冬天里持续的阴冷的对比而变得异常珍贵;所有的人和物都像是刚刚开始经历这份珍贵,都带着刚刚开始经历这份珍贵的最初时刻的珍惜与爱意。

华山绿地这样的地方的这样的景象,是水泥森林里的人们其实无一不渴望着自然植被中的可供徜徉的一个好例子。在大家都被迫住到了楼丛中的时候,不管一片绿地是多么小,它都是人类珍贵的乐园,在那里他们可以找到某些历代先人生存的环境因素,找到人类这种动物本来应有的栖息氛围,并在多多少少模拟了那种氛围的状态里,自觉不自觉地沉醉。

好像下午的时光刚刚过去了一会儿,拽着拉杆书包放学的孩子就已经出现在绿地上了。这种拽着书包上学放学的景象,在上海并不罕见。甚至成为一种经常可以见的常态。这是课业很多,需要携带的书本很多,家长心疼孩子,也是孩子自己觉着背着大书包过于沉重;当然,也不排除有一种时尚性的互相模仿因素。

不过那其实和孩子们本身没有多大关系,他们对于这些社会性的负载尚无知无觉,并不真地作为心结,现在把书包一扔,就在草地上追逐奔跑了起来。他们和绿地里的植被一样,由衷地甚至连自己都没有明确意识地欢呼着春天。

02

襄阳公园的春与秋

Xiangyang Park

襄阳公园是在原来的法国人建的公园基础上建成的，最初名为兰雅纳公园。确实有点法国林荫大道的味道，那么不大的一个园子里，有两排高大的法桐，中间的道路也极其宽阔。这两排法桐护道树和中间的大路，或是因了建园时候此间的法国人对于遥远故国的致敬与怀想。

林荫大道非常地道，水池里的孩子的塑像也圆润生动——据说这些塑像是公园最初的建设者为了纪念他们夭折的孩子而特意按照那些孩子真实的形象雕刻而成的，是这公园之为公园最初的动因。将逝去的形象用石头凝固下来，以期获得他们永存的印象，作为自我安慰的凭借。这在西方古代没有照片的漫长历史上都是有钱人家的一个惯例。曾经在意大利米兰的著名公墓中，见到比比皆是的逝者石像，其理想化的身材与所表现出来的楚楚动人的悲悯，都给人留下了深刻的印象。这是他们的文化传统，是他们表达对人生和世界的感受的方式与渊源。

这些都是历史在上海的这个角落里沉淀下来的东西。而如今在高耸的楼房与狭窄的街道之间能有这么一片被保护下来的绿地，绿地上还有那些遥远而优美的格式，也实在是难能可贵了。

在公园最里面的一个有着一个一个券门的看似封闭而又确实是敞开式的走廊里,一桌一桌的象棋和围棋还有纸牌,是老年人为主的有闲者们打发时间的方式。围观的人也可以时而围观时而看看墙上每天更新的报纸,这样可以使看报不寂寞,也可以使围观不尴尬,都像是顺便而为。

据说这里是上海的围棋之角,很多著名的围棋选手都曾经有襄阳公园下棋的经历;而到了某个围棋爱好者内部都知道的日子,这里就会聚集全市各个地方甚至是外省市的棋手,捉对厮杀,摆开蔚为壮观的户外棋战场面。不管是专门来下棋,还是专门来看下棋,都是完全发自内心的爱好使然的"兴趣协会"式的自发行为;是为这座公园一大特色,平时不着痕迹,届时即会形成群贤毕至的盛景,一切完全都在人们的文化习惯于传承之中自然显现。

这是公园之为园者,只有经过漫长的时间陶冶才会逐渐形成的一种文化积累,既难能可贵,也更是一代代的人们生活乐趣的一种自然表现。当然,这种兴趣文化分门别类各种各样,也不乏亚文化品类,通常只有长期在某个圈子里浸淫者才会知道专门的公园兴趣分布地图。从这个意义上说,公园可以说是城市留给人们的一个几乎唯一的足够大的公共空间;公园已经是城市人生的重要组成部分。

中午时分,周围高大的写字楼里出来的年轻人,也多有聚到这里的,算是体会一下与他们的一向急促与快速的节奏迥然不同的另一种生活。他们的面孔里普遍有一种苍白,一种据说是属于上海这一片水土的白皙;不过,对于大多数并不是本地人的写字楼生态中的年轻人来说,他们的苍白更多的还是缘于一种长期不见阳光的封闭生活的影响。他们或者高谈阔论或者沉默不语,每个人的脸上都充满了在这里讨生活必须忍耐、必须坚持的不容置疑,以及不容置疑背后或者会有的些许无奈。

虽然是春天刚刚开始的时候,白玉兰没有叶子的树枝上开满了白色的大花,但是公园里的植被却显得已经郁郁葱葱,尤其是广玉兰肥厚的大叶子密集地点缀着,像是那些大树们在北方夏天里才有的茂盛身形。树干上的青苔斑驳陆离,又像是欧洲森林里的景象。一种阴湿的气氛在植被稍微密集一些的地方就已经很是浓厚了,这让在北方住惯了的人感到非常新鲜而着迷。这是不是也应该算是上海的一种迷人之处呢!这种湿润凉滑的气息有点欧洲的味道,只是没有这种欧洲味道下因为人少植被多而来的宽松与协调;当然,另一个角度看的话,也比他们多了许多人气。一座几乎没有人的园林和一座到处都是人的园林之间,在氛围上的差异是显而易见的;理想的是两种情形皆备,人们可以各取所需……

在公园的西南角上有一个窄窄的铁门,直通到旁边的医院里;医院也在挨着这公园的一片不规则的绿地上安置了吸烟处的牌子。医院的正门外就是熙熙攘攘的人群了,照例是大城市那种即使步行也摩肩接踵、寸步难行的寻常状态;只是这种状态和刚才公园里的疏朗不躁距离太近了，显得有些突兀，适应上几步，也就不得不认了。这里，距离市中心的人民广场已经不远了。从这个角度上说，没有围墙的襄阳公园已经近乎街区的一部分，特殊的一部分：没有高楼大厦，只有林木广场、长椅及其共同组成的悠闲。

正是带着春天里的这些记忆，使人在一年之中的另一个好季节，秋天里再次来到襄阳公园。

襄阳公园的秋天里的下午，到处都飘荡着让人很难确切地捕捉得到，却又时时刻刻都能呼吸得到的桂花香。两个身材高大的外国人显然是并没有预备逛公园的，只是偶尔在过马路的时候从襄阳公园的有着两排高大的法桐树的斜线式的大路前经过，一下就被这典型的法国式的林荫道给吸引住了，禁不住就走了进来，在这一片与他们的故乡有类似之处的所在他们不仅看到树下一个连着一个的长椅子上满满地坐着的都是人，还闻到了一种在他们的故乡绝对没有的桂花气息。这种很难捕捉得到却时时刻刻都存在着的幽香，肯定一下就被他们认定为所谓异国风味的代表了。他们颇为陶醉地改变了自己原来的计划，在这小小的公园里徜徉起来……

高大的法桐与有着厚厚的绿叶子的广玉兰树的树冠在空中连缀了起来，在公园里形成了一种天虽然还没有黑，但是园子里却早早地就暗下来的气氛。这种昏暗的状态成为与周围的马路上的喧嚣做间隔的一种特殊屏障，让公园里的人在不知不觉之中就忘记了身在何处，好像不是一抬脚就能回到世界数一数二的人口大城上海,而是处身于什么山林悠远的角落中一般。

当然,公园的昏暗里人的状态也不可能有太大的改变,大家还都是人群中的孤独者,各自默默地做着自己的事情:坐下来看书,反复拍着腿做近乎忘我的锻炼,或者一次次地向空中举起双手以拉动腰身、舒展总也舒展不到位的筋骨。每个默默地做着自己的事情人,好像都在以自己的方式表示着自己对人生意义追问的答案。这个答案他们回答得很明确,却又总让人觉着他们其实回答得不是很彻底,还有所保留;因为每个人好像都在自己的行动之外,包括不行动的行动之外,还有不尽之言。

阅读者对跑到自己身边很近的地方来运动的人心有不满,这实际上很有可能并不是那个运动者的故意不尊重公德,而仅仅是在一个稠人广众的城市里生活久了以后的一种不自觉,个人和他人的边界已经被他们一缩再缩,缩到了不直接碰到对方就以为是恰当的程度了。阅读的人对身边这种运动者发出的有节奏的拍打声也许还能忍受,但是对旁边抽烟的闲人却是一刻也忍受不了的,浓郁的烟草臭气飘过来使他立刻就站起来,站起来去另找地方了。

公园里是闲人待着的最佳场所,进来呆呆地抽烟的人,抽了一根又一根;而坐在小代步车里的人,则让自己以一种不动的姿态流畅地在公园各处流水一样平滑地转悠着,转着转着实在不想转了,就会停住,什么也不再做地就那么停着,长时间地停着。距离不远的地方还有一个小伙子,也与她有着一样的神情地定定地站着。他们并肩站立着却互相谁也不看谁一眼,倒是一个路过的人在掏出手机看了看发亮的屏幕快速反应地按着键回复了以后,在准备重新走自己的路的一个非常短暂的瞬间里,向他俩扫过去一瞥。这一瞥给人的印象很是深刻,那一瞥的短暂与漠然是一种如入无人之境者才可能有的。

城市,巨大的拥挤的城市所造就出来的某种并非罕见的人际关系模式,就完全在这襄阳公园的一瞥里了。没有人去琢磨,甚至连当事者自己也未必察觉,这是在人多到了一定程度以后,仿佛自然产生的一种写到了环境对人以及人对环境的互相影响中去的程序。

03

有红嘴黑天鹅的徐家汇公园

Xujiahui Park

徐家汇公园是1999年开始拆迁几个工厂以后修建的公园，匪夷所思的是居然还在公园正中斜着修建了一道高架桥，据说是整个公园象征了上海整个城市的格局，所以要有这么一个高架桥的，以与延安高架相对应。还好，这桥上只是行人走的，没有车，可走可停，可随时走可随时停，不必担心妨碍了谁。

放眼两边，都是公园的树木与水面，尽管不论从哪一边看，都能看到树木和水面之外就是川流不息的马路，和川流不息的马路后面耸立着的高高的密集楼宇。

正是白玉兰与紫玉兰盛开的时候，水上居然还有一只浑身都是黑色只有嘴是红色的黑天鹅。水边上站着的保安不知道是不是专门为了保护这只黑天鹅而设的，反正看那保安几乎不离水边地守在那里。这只天鹅也许是从公园里拿出来放养到这里来的，孤零零的一只，没有种群，显然并非来自天然。不过它的存在具有极大的意味，说明这里已经具有了欧洲的园林里的某种质量，也有天鹅了——虽然是配了保安的天鹅。一只配了保安的黑天鹅在中国上海的徐家汇公园里与它在欧洲自然状态里的同族们一样，宠辱不惊地悠闲地在水中划行着。它完全不知道自己在这个历史上经常对欧洲进行模拟的城市里的非凡意义,只是一味地继续寻找水中的、泥里的浮游生物。

徐家汇这个名字,几乎和上海一样赫赫有名,现在看来不过是一个别的城市现在也都已经有了的商业中心,是多中心的大上海的城市中心的一个。人流汹涌,商业密集,给行人和车辆的空间都非常非常有限,行色匆匆甚至连奔带跑者比比皆是。站在大大小小的道口上挥舞着小旗儿的交通管理者,敬业也和蔼地指引着来来往往的骑车人与步行者。

霓虹灯在玻璃幕墙上的闪烁已经不再是人们视觉上的关注点了,谁也无暇顾及那些高高在上的东西了,看着前面人的脚跟,看着自己的包,看着左右要找的店在哪里,看着这一切的时候,陷在纷乱的脚步和无时不在的威胁之中的人,不仅视力就是智力似乎都已经不大够用了。

上海曾经在相当长的时间里都是全国人民心目中的"城里",任何人有机会到上海来都会大包小包地往回给家人或者给朋友、给同事捎回去从花布到糖果的各种稀缺商品,上海带回去的东西一向都会被认为是质量过硬,花色洋气,口感特殊,品质无与伦比的代名词,文化含义里的高级与傲然也都附着在了这些商品之中。

如今上海有的别的地方也都有了,不仅商品有了,连徐家汇这样的商业中心别的至少是省会级的城市也都有了,甚至是有过之而无不及的。慢慢地,上海货只代表一个产地,而在很多时候失去了原来附着在其上的文化气息。

这并没有妨碍上海继续以自己的独特性保持自己的魅力。上海的魅力或者说上海与别的地方的不同之处在于它独特的味道，这种味道只体现在上海的吃穿住用行的日常景观中，体现在上海本地人的外在形象与普遍的生存态度起居行走办事习惯与生活方式之间。所以来上海旅游就需要在上海住下来慢慢体会，不要急着去看什么外滩与东方明珠塔，只是要每天都走到弄堂里，走到公园里，去观察去一起享受生活。当然这很不容易办到，首先是上海的居住与饮食都不便宜，住下来花销不小，不去看什么大的景点而只是在大街小巷里转的话，一般的游客难以接受。其次，如果没有发自内心的观察欲的人，对于这样的旅行方式也不会有什么乐趣。

据说，如今还算有点特色的就只是上海人了：传说中的聪明机智的上海男人，灵敏精巧的上海女人，与国际接轨、按规矩办事的上海窗口服务从业者……我询问过上海人何以爱上海的原因，大体上，总体感觉是除了作为对家乡的情感之外，上海人喜欢的，实际上是上海的秩序。

即使只是上海周边的江浙城市，也已经与上海所有的那种干净、整洁、守规矩的总体秩序有了区别。按说上海街道狭窄，人人的空间都很小，很多地方的人行便道都只能容两人错身，对于嘉兴这样随意散淡，有很多人都坐到人民公园里喝茶的地方来说，这些都是很没有优势的条件，可是周日下午三四点钟以后返回上海的动车早早地就没有票了。除了赶回去上班的人之外，还有回程的游客，有本来可以住下但是还是觉着回上海熟悉的环境里去更舒服、更踏实。

据说上海的秩序，上海的这种独特的味道，实际上只存在于上海的中心城区，泛而说之也就在几条最早的地铁线的辐射范围内吧。这种秩序包括买卖相对公平，欺诈和公然的蛮横比较少，犯罪率比较低，从走路看红绿灯到上车的先来后到的次序之类的公共秩序能够普遍被遵守，甚至还包括在公共场所里大多数人的言行，基本上能做到尊重他人、不挑衅、不明显欺生、不耍某些地方的那种"门口横"。正是上海的这些内在品质使其具有相对长久的吸引力。

上海银行里的工作人员，在叫号以后会站起来，右手向斜上方举起，并保持着这个姿势一直到下一位顾客的到来。他们的服务普遍迅速而标准，虽然谈不上热情也几乎没有笑容，甚至不愿意和顾客说什么业务之外的闲话以缓和气氛，但是业务本身却是十分熟练到位的。这似乎也是上海这个城市里的人的普遍特征，可能少客套，可能少热情，但是做事还是比较认真、比较敬业的。连银行里的保安也在做一些好像已经超出了保安的本职范围之外的事情：招呼刚刚进门的顾客，进行初步的分流，指导顾客，引导询问，联络柜台里面的业务人员。后来，这种最早和国际接轨的银行服务规范逐渐在全国都推广开了。

上海人是比较细的。即使是菜市场上做小买卖的人，给蔬菜定价的时候居然也有分的单位。那些一律都很自觉地穿着反光背心的看车人，还会拿着本子将一辆辆存放在马路边上的自行车的号牌都记录在案，遇到那种没有牌子的车子一时间就很费周章，也只好做个记号了事。不过这并没有妨碍他们这种记录的责任感。想象一下，在上海那种道路本来就非常狭窄，在便道上停了一排自行车以后就只能容一个行人侧身通过的情况下，一个穿着反光背心的大老爷们，弯腰低头，逐一地盯着每一辆自行车的尾巴上的小牌子记录号码的情形，你就不得不佩服他们制定制度与执行制度的仔细程度了。

上海人在制定与执行相关的管理制度方面确实是全国都独一无二的，对于很多地方一向不大认真的人来说，这既是一种传统的敬业行为，也更是一种现代文明精神，是与上海的洋气打扮相一致而更深入的时尚。国际化对于制度的制定的详细与执行的认真，在上海正好遇到了民族性或者说地方性的"细"的习惯的迎合，催生出了这么一种让人耳目一新的工作景观。

这种对比往往首先出现在从遥远的地方抵达上海以后的地铁里的人群中，初来乍到的特征是明确的，不唯是他的身材面相和穿衣打扮上众多细节所构成的差异，更主要的是出远门的时候的某种怀疑与警惕、某种收敛和与收敛对应的放任气息。上海的以文雅为时尚和远方的以警惕来做自我保护之间，使他们和本地的氛围先就出现了一点不可言说的对照。

他们普遍缓慢的步伐，在上海普遍狭窄的街道上有点格格不入，首先体会到的可能是在自己的家乡早就听说了这里买东西的在乎与一次性买很少的特征。及至自己在这里住下来的时候，会惊讶地发现自己也会入乡随俗地逐渐与本地的消费习惯统一起来，无他，只因为物价很高，一次性买很多，一次性就要付出很多而已。少买一点，就少付一点，就有花钱不多还能消费得起的错觉了。上海是一个让人在秩序里不得不"精致"起来的地方。

还在来上海的火车上，就听到一个女人这样说上海的人和事：我和老公住在上海，但是我不会讲上海话。到街道办事处去办事，说普通话，人家就不爱理，等我老公来了，用上海话一通骂，她们马上就老实了。

又说，在菜市场，去买菜的时候用普通话问多少钱一斤，对方就跟没听见一样，不理；等别人用上海话问的时候，那卖菜的立刻就颠哈颠哈地回答，还一脸媚笑。我就告诉她，你不理我可是吃了大亏了，上海人就买一点点菜，我可是要买满一大篮子的呀！她一边说一边哈哈地笑着，好像即使是现在了，坐在车厢里了，还挺解气的呢。相信她那一天一定是买了比平时多得多的菜了。

这样发生在即将抵达一个地方的关于那个地方现身说法式的"街谈巷议"，对于周围每一个还没有来过这个地方的人，都会有很深的"教诲"意义，使他们据此产生源于这些具体例证的想象。

不过我到了上海以后最先注意到的是，上海人说转弯不说"左转右转",而分别代之以"大转小转"。想想也对,左转的时候需要大转,右转的时候需要小转就可以了。还有就是上海人不说"二",而说"两"。比如"一块三毛二",会说成"一块三毛两"。这种语言细节上的影响力,在本地生活中是十分强大的,连那些在菜市场卖菜的河南妇女也都"两两"地说话了。

至于其他观感,或者怀疑仅仅是偶然,或者还嫌没有一再发生,所以难有什么总结性的发现。其实,任何试图笼而统之地总结一个地方的人文特征的努力,事实都证明往往是吃力不讨好的。在很多个体那里,这些被总结归纳出来的特征都不相符合。相对的特征总结,在每一个具体的个人那里或多或少的疏离,实际上是再正常不过的现象了。对于地域文化的泛化的论述,之所以在有这种缺陷的同时还为人们津津乐道,无非是因为它是一种简便的了解那个地方的简单方式,可以满足人们由个人具体的经历实践简单对应出来的普遍规律归纳。尽管事实一再证明这样的归纳往往很难"普遍",但是每个人似乎都依旧愿意重复"窥一斑而知全豹"式的理解。

从地理心理学的角度上看,这恰恰表明了人们对于一个在全国都非常特殊的城市的揣想,对于这个存在于种种传说的地方到底能不能接纳自己的犹疑乃至畏惧。而随着各个城市整体发展的日渐趋同,这种对其他地方的"不一致"的想象与感受都已经逐渐淡化。

上海一方面在成为全中国改革开放前沿和现代化硕果累累的特殊地区，一方面也在回落为一个普通的地理概念。这并不是上海的退步，而是全国的进步，物质的进步与意识的进步，是中国人普遍地解放的一个小小体现。尽管这种解放还很不能令人满意，但是在漫长的中国历史中，在从来就少有被解放的事实的普通百姓这里的些微的进步，就足可以让人感到舒畅不少了呢！

地域和地域之间的不同、城市和城市之间的不一致，在公园这样的地方总会变得最为平坦；公园总是以最宽容的方式接纳一切。不论是历史还是地区差异，在公园里都融合成了一片植被丰茂之下的怡和。据说，人在自然环境为主的状态里，便会在相当程度上消弭掉过分城市化、过分社会化带来的比较之心。这也就成了城市公园里的特殊魅力的又一个源泉。

徐家汇公园特意保留下来的工厂的烟囱，为它自己过去那一段并不遥远的历史留了一点点线索，使园林本身也有了相对的根，这对于一个还没有大树的根的公园来说，至关重要。和上海市区里的别的公园一样，徐家汇公园也因为自己地处闹市，而且是越来越闹的闹市，所以也就越来越显示着其对比出来的绿色宽松的环境价值。公园近旁，衡山坊有家书店经营特色杂志，阅读它们的过程再一次让人意识到现实生活的不同维度。倘使是在沙漠里，任何一片不是沙漠的地方，都是天堂。

04

风儿拂过长风公园

Changfeng Park

长风公园正沐浴在一片祥和的春风里，荡漾的水面和岸上挺立着的依然没有针叶生长出来的笔直水杉一起构成了上海早春的风景。密集的长椅上坐着看报的人，发呆的人，吃东西的人，说话的人……树荫浓郁的林荫道上两个个子不高的法国人咕哝着照着相，还有一个高大的外国男人跟在自己刚刚会跑的孩子后面笑个不停地说着什么，像是德语的"一二三四"……年轻人成群结队地走在公园里，吆喝着照相，互相在异性面前表演着自己、展示着自己。春天让人兴奋，而兴奋的表达就五花八门了。

在一片高坎儿上的树荫下，一张长椅上一对男女互相搂抱着，另一张长椅上坐着一个外国女孩儿，专心致志地看着自己膝盖上支着的笔记本电脑；而对着湖面的长椅上，坐着一个思想者（当然也可能只是一个麻木到发呆状态了的人），长时间一动不动地面对着湖水和湖水后面城市高大的楼群。温和恬静的气息与偶尔的鸟鸣笼罩之下的这个场景，已经很像是在国外了，不过想到刚才看见的肌肉强壮的女民兵背着枪的雕塑，才重新回到了中国上海的长风公园。那女民兵的雕塑几乎已被周围的树木遮掩住了，有意无意之间公园的管理者并没有去排除这种遮挡，好像树荫本应该也这样覆盖一下这久处阳光之下的塑像。几十年的风雨过后，她已经有了属于自己的阴凉，而被遮挡的形象反而会让几乎所有第一次走进长风公园的人都格外注意到她的存在。

长风公园的树木规模比较大，常绿乔木的比重很高，加上中心位置上的浩大水面，使它在整个上海西部都成了一个重要的自然保护区。虽然水族馆门前的小汽车形状的展示柜里鱼儿们在车窗位置上的游动，让经过的人感到很惊讶，不过真的掏出上百块钱去看水族馆的人并不多。日常来这里的人们，还是为了呼吸一下自然的气息，为了从高楼的缝隙里出来喘上一口气。

水面、湖泊、玉兰花，长了青苔的树干和拱桥垂柳形成的湿润气息，这些在北方人的记忆里只属于春天里的西湖元素，在长风公园这样上海的园林里也并无二致。这个事实让人很震惊，西湖并不是独立存在的，在西湖之外的江南的广大地域里，西湖的气息曾经是广泛存在着的一种事实。只不过是因为人类活动与空间占领的肆无忌惮、登峰造极，使西湖和长风公园这样的所在成了硕果仅存的地方而已。

长风公园与北方城市的园林绿地比较起来，除了在树木高大而密集这得益于时间和地理的优势之外，还有一个很大的人为优势是长椅多，充分考虑了游人的需要，椅子的完好率也比较高。

是不是当椅子多到一定程度，多到不再是一件很稀罕的东西的时候,破坏椅子的事情就反而也不会像椅子稀少的地方那么频繁地发生了呢?

在记忆中,那些椅子稀少的公园里,不被破坏的椅子往往占比已经很低。我们在秩序良好的社会里所看到的秩序化的细节,实际上表现出来的是绝大多数人对这种社会氛围的满意,因为满意而尽心维护就成了不必教导的由衷。

05

很多城市都会有的中山公园

Zhongshan Park

中国很多城市都有一座名为"中山公园"的公园，似乎从天安门广场西侧的那个著名的中山公园开始，每一个大一点的城市甚至不那么大的城市，多会有这么一座以"中山"命名的公园。大约这就像在中国的很多城市都有"中华大街"和"人民大道"一样普遍。

因追记孙中山先生而将公园命名为"中山"，确为常见之事。当然也有个别地方的中山公园并非取自这位大人物，而是源于古代的中山国（比如石家庄的中山公园、灵寿县的中山广场）。

上海的中山公园是上海开始发达的二十世纪初的产物，虽然建园之初并非这个名字。如今园林本身范围与植被的延续还是基本上被保持着的。近百年以来，树木已经非常粗大，号称华东地区最大的一棵悬铃木树，也就是法桐，就在公园的西北角。那是一棵从根部就分出了几个杈的大树，每一个杈都已经比一棵普通的法桐粗大了，联合起来就成了一个仿佛是由五六棵大树一起组成的超级大树，树荫笼罩的面积似乎有半亩地大小，远远地就竖起了栏杆，按照传统的习惯，面对这样一棵老树，已经有人在树的周围又是烧香又是拜佛了。

这棵树,据说开始是这公园的建立者,英国人霍顿在十九世纪末的某一天从意大利带回来的树苗,栽下去以后连他自己并这棵树还有周围任何一个人任谁都不会想到,当一切都烟消云散以后,只有这棵树还能越来越高地屹立在整个风烟滚滚、多灾多难的二十世纪的中国,跨越三个世纪,在新世纪第二个十年的春夏秋冬里依然枝繁叶茂。

这棵古树只是中山公园优良植被的一个典型,整个公园里,广阔的草坪与稀疏而粗大的不落叶的乔木结合的园林效果,都已经非常鲜明。这里既有小桥流水的中式景观,也有西式的广场草坪与人像雕刻。不管哪种风格的园林安排,都因为百多年来的历史而涵养了茂密粗大的树丛,与国内别的城市,特别是北方城市中那些一再被破坏、反复种下的树龄很短的树木比起来,自然有一种无可比拟的威势与涵养。这是岁月积累出来的优势,是不管社会风云的变换、人事的更迭,而始终在将人与以树木为代表的自然分得很清楚的心照不宣的传统之下,培育出来的粗大茁壮与郁郁葱葱。

中山公园一进门的时候稍微一拐,就是悬铃木广场。实际上就是有几十棵高大的法桐组成的宽敞而有遮蔽了天空的效果的疏朗树林。在上海难得见到的落叶散落在这几十棵大树下的长椅周围,疏阔爽利,是南方的秋天里少有的诗意场景。中山公园里的树木经常可以形成这种树冠在高高的空中互相搭界而遮蔽天空的效果。人在这样的树林里,既有异域黑森林里一样的洋式惬意，又有一种干干净净的本土安详感。

应该在公园的每一个角度上都坐一坐，这是逛公园的一个不二法门；只有从各个角度上都去静静地欣赏了一定时间长度以后，你才能领会这公园设计上的诸多妙处。在这柔和的秋天里，连广玉兰树高高的树冠上啁啾着的鸟鸣都在用自己的声音讴歌着这种舒适的愉快。愉快是可以传染的，这种传染没有物种的区隔，通彻而迅速，貌似各自有各自的舒适愉快，但是满满的通感总是会以比流水还快的方式遍及此情此景中的所有人和物。

据说这也就是为什么世界上不能只有人而没有物，不能没有植物和其他生物的原因之一。万物的营造和万物的传递，是人能感受到生之愉快的重要基础。

让我们回到春天，坐在中山公园的长椅上——这里的长椅也和别的上海公园里一样多——透过如山的树木，越过圆润的树冠，向盛开着的白玉兰与浅白桃花之上看去，可见有着高大的玻璃幕墙的楼宇耸立入云，这样楼间的园林中的春天，让人想起了春天的时候，汉堡大学旁边的公园里的景象。

春天的清凉的气息与春天的花开的喜悦，都是一样的；这样一片春天的气息之上耸立的楼宇的样子也近乎相同……上海能在一些角度上让人恍惚，以为身在另外一块大陆上的什么国度里，这是很多人喜欢上海的一个重要理由。百余年以来它在许多方面都在努力模拟着别人，模拟着很多别人，当这种模拟成了一种习惯，并被历史凝固下来以后，就好像它具有了诸多别人的样子。商业社会的原则，人们的穿着，还有园林的安排，不知道在哪里你就会不期然地发现别人的影子，这不仅让别人高兴，也让自己人新鲜。上海因此而在别人那里讨好，在自己人这里领先。

中山公园东南角的门是正门，正门外的保安竭力维持着几乎是水泄不通的交通，好像不如此那汹涌的人潮车潮就一下会泛滥进这幽静的公园里，而将百年来的一切彻底冲毁。公园与街道过分强烈、过分鲜明的对比，使此间与完全的花园城市有着一些差异。那种生活中、日常交通状态里，处处都有疏朗的空间与茂密的树木的欧洲景象，是它很难完全模仿下来的了。这里毕竟是不同，人口众多，环境欠账也很多；上海所能做到的，只能是尽力而为的园林建设本身而已，它对整个社会的外在环境与内在秩序影响力，是有限的。况且它也从来不想真正去改变那些为既定秩序一直在带来源源不断的利益的所谓正常的格式，它所要做的仅是在公园里维持一片外表上模拟了什么的风景，于此而足矣。

从中山公园这样的上海公园里出来，重新置身到几乎没有缝隙的街道上，走在地铁中山公园站那长长的好像永远也走不到头的地下走廊里，你会感到一丝嘲讽的意味，不知道是城市构造嘲笑了你这样的个体，还是个体于这既真实又仿佛虚假的开阔里获得似乎确切的喘息以后，突然又坠入无边的烦嚣的巨大反差所引起的荒谬。与城市的真实环境形成巨大反差的公园，总能让人在事后获得一种不无苦涩的味道。

在长风公园和中山公园附近有著名的华东师大。师大周围的街道上甚至是校门口，都是密集的摊贩，是上海的中心区域里很少见的马路市场。这样的针对学生的市场上，货品是应有尽有的，物美也许谈不到，但是价廉确是千真万确的。在对着长风公园的那个门口，两侧的小门脸上很多都打着什么什么照顾学子的名号，而成群结队的大学生们也把一家家小店门口都站得满满的。

下午的时候，是学生们出来买小吃的一个比较集中的时间段。鳞次栉比的店铺和络绎不绝的人群使这很少车辆的死胡同式的小街上热闹非凡。最让人惊讶的还是冲着高架桥的学校的东门，规模基本上算是正门了，但是门口居然也是地摊儿密集，连对面马路的便道上也都人满为患。学生们的消费虽然一般不会太多，但是毕竟是数量庞大，这极大地吸引了底层的小生意人。

穿越师大的校园，伟人挥手的巨大雕像前的草坪上正有带着孩子的年轻老师在鼓捣着刚开始会走路的孩子，看着满校园里行走着的中学生似的大学生，看着一栋栋显得陈旧了的教学楼和宿舍，还有人员密集的全塑胶运动场，感觉还是距离心目中的大学有着不同的想象。不是这样的学校不好，而是自己现在心目中最理想的学校，应该像是刚刚走出来的公园一样植被丰茂而蓊郁。

从这样的意义上说，公园已经很有点超越现实的理想之境的意思了。它是就在现实之中，又远在现实之上的人们可以随时抵达的天堂。

06

在复兴公园里坐一坐

Fuxing Park

复兴公园是上海老城区中又一个西方园林风格的公园。它为周围密集的居民区里的人们提供了一个最为近便的休闲之地，人气旺盛，即使这并非周末的上午时分也几乎到了摩肩接踵的地步。对于游园的主体——老人和孩子来说，是不存在什么周末或者假期之类的限制的，他们任何时候都有充足的时间。他们的时间程序里，每天最好的一段就是要在这样的地方消磨的。

公园里唱的跳的此起彼伏，声高声底互相掺和又互为独立，有一个打太极拳的人就站在人流如织的路上开始了那缓慢的拳脚移动，凡是走到他跟前的人都得做适当的绕行，以免其缓慢而有力的招式碰到自己。

这样的景象初看之下十分令人惊讶，但是看到了一个还有另一个，看多了这种人口密度非常大的情况的特殊状态，也就习惯了，眼睛自己好像就已经完全适应，天下的太极拳本来就是可以在这样的稠人广座之中这么练习的。

草坪广场上也是允许人们上去行走坐卧的——不如此这公园就实在无法承载这么密集的人流了。放风筝的，躺着晒太阳的，追着孩子跑的，景象一如欧洲的许多地方，与世界上那些人们可以从容悠闲地逛公园的地方并无不同。

围绕着这宽阔的草坪的无数把长椅上都坐满了人，它们的使用率极高，很好地完成着自己作为椅子所应该体现的功用。经常是两组互相并不认识的游园者紧密地坐在一起，或者看着自己的书或者说着自己的话。当年流传的关于外滩上谈恋爱的人，一对对都不得不坐在一起、很自然地坐在一起的景象，在这里也有所呈现。

一张椅子上的两组人之间互相搭话的现象是绝无仅有的，虽然物理距离已经到了最小程度，但是大家还保持着大城市里人和人之间的绝对心理距离。显然他们互相是绝对看得见的，甚至别人的一举一动都在另外的人眼睛里瞄着。这是一个不同于大街上的"时尚"场合，别人穿的什么衣服，用的什么东西，言谈举止之间有什么能显示潮流的东西，一一都被人看在眼里。大家在这样的场合里都有极大的耐心与关注力，因为来的都是长住者，都是长住者中的闲人，有闲之人。这就是公园作为一个极特殊的人际平台的魅力，它往往比旅游景点，比大街小巷更能代表一个地方的人们的状态与风貌。

复兴公园建于1909年，是原来的老法国公园，在相当长的时间里都是只允许法国人入内的地方（襄阳公园前身原也曾有不向国人开放的历史）。园中的园林安排上颇有欧洲的气息，不仅有整齐划一的花园，更有这花园两边的两条法桐的，也就是上海人所说的悬铃木夹道的大林荫道。

一侧的林荫道尽头有一个露天的舞场，爱好者与闲人们正或翩翩起舞或围观欣赏。几个外国人饶有兴致的随着节奏面带微笑地在那里看得呆了，这种在他们那里狂欢节里都不会有的项目，居然就在上海市中心的一个公园里日日上演着。他们既吃惊又觉着不可思议，既感到好玩又将身比身地心生羡慕。在那些人和人之间的界限分得太过清楚的欧美国家里，这种至少看起来是随意地和陌生人跳交谊舞，而且是在一种很随便的露天场合，既没有搞家庭聚会也没有买票，纯粹出于大家真的假的的爱好——只这一点就已经让他们自愧弗如了——在发展中国家看见人和人之间的关系上的原始的无间，这是发达国家的人们到这样的地方来旅行的一种内心深处的目的。公开说起来的是，最羡慕你们这里的热闹，这里的人气。

复兴公园里这种中国风格的事情发生在欧洲风格的场景里，不管是林荫道还是人工痕迹很重的花园，或者是铁架子的花廊和堪称广袤的草坪，都是欧洲的格调。那广袤的草坪上正有一些老人和中年人在放风筝，周围密集的长椅上坐满了人，偶尔看看他们或高或低的风筝，偶尔互相说说话。

我选择了唯一一个还没有人的长椅坐下来。这时候一个老人站到了我的面前，用上海话咕哝着什么，瘪瘪的嘴形上也已经无从判断其具体的语义了，但是一侧脸也就大致明白了。他是让我去给他和一直坐在长椅上和他说话的两个外国女人合影。我问了一下那两个外国女人，果然如此。于是合影，先拿了第一个人的相机，再拿第二个人的相机。照第二张的时候，那老人突然又咕哝着些什么，后来干脆开始做手势，意思是把照相机竖起来，照一张竖着的照片。照完了以后两个外国女人赶紧道谢，他却一点都不在乎地马上又和两个人外国女人说了起来，完全不对我这国内同胞为他做的事情做任何一点表示。

他之所以赶紧又和两个外国女人说话，好像主要是为了让我看看他是能和她们直接用英语说话。也许他对于自己能直接和外国人交谈是有着看得出来的自豪的，正是这种自豪使他在公园里，至少是在公园的这个角落里，心满意足——我甚至怀疑他并不是真有什么有意义的话要和外国人交流，或只是为了表演给周围的人们看，看看我的外语是多么流利，我和外国人是多么没有障碍。有时候，有的人，尤其是上了点年纪的人，这种外地游客眼中颇为可笑的孩子气的事情做得一点都不隐蔽，做得很直接。也许这与上海的某些传统有联系。

这座大城市的中青年，基本上已经自然而不做作地接受了国际化的现实，不再像上几辈人那样总是将国际化作为自己一种可以专门拿出来说一说的背景，时时刻刻要在其他地方的国人面前显示一下，从而也招人另眼相加。在今天的上海，你固然还会遇到个别人在地铁、在公交上高声讲着上海话，滔滔不绝，旁若无人，其内容无非是在哪里哪里转车将用多少多少时间，在哪里哪里转车将不用多长多长时间。但是你也会更多地遇到不仅能用外语和外国人平等交流也更能使用普通话与外地人交流的人。他们不把自己会讲几句英语太当回事。

法国风格的复兴公园,似乎还是更吸引在沪的外国人。他们对于在自己熟悉的场景里见到的异域的人物和行为方式的兴趣,一直兴致勃勃、经久不息。他们更愿意也更容易在这样的中西合璧环境里,找到理解这座城市乃至这个国家的线索与角度。

复兴公园往南是有名的思南书局,公园一侧有孙中山故居纪念馆,按图索骥未果,却看到一所中学门口一个男孩举着一束鲜艳的红玫瑰,等着作为老师、职工甚或作为学生的女朋友出来的景象。在狭窄的街道边上,在局促的学校门口那几乎没有闲人驻足的窄小空间里,他捧着花急急地恭候着女友的表情里,分明地燃烧着一种源于体内激素的急切。这位坦然公开自己的追求的年轻人,有属于他的,或也属于这座城市的自然美态。

他既在追求,也在把追求本身作为一种仪式。他的未来充满机会。这是二十一世纪第二个十年开始的时候,上海这个有着欧洲的某些样子的地方的一个小小的标准像。

07

和街市自然融合的静安公园

Jing'an Park

延安西路高架桥上的双向车流,一天二十四小时滚滚如流,滔滔不绝,隆隆有声,像是一架永远在起飞却永远也飞不起来的飞机,不知疲倦,不遗余力地一再尝试着、想象着在下一个时刻脱离地面冲天而去。它是这个世界级的特大商业城市的动脉之一,须臾不能停顿,不可停顿……

旅居期间,在屋子里待得累了、烦了的时候,最方便的一种休息或是凭窗远眺。从这没有阳面窗户、见不到阳光的窗口凝视着下面永远奔流着的延安西路高架,会发现经常是进城的方向车多,多到经常是一辆一辆排着缓慢移动的程度;而反向的出城方向的车则会比较宽松,车和车之间的距离都隔得很远,速度上也就快了很多。那么进得多出得少,一天一天积累下来,市中心岂不要涨满了吗?这个表面化的问题明显有着幼稚的成分,但是每次站到窗口,它都会不由自主地重新涌现出来,成了一种休息时间的习惯性思维。

高层建筑里的生活仿佛失去了地气也失去了时间。无论是早晨的阳光,还是中午时分的广播抑或午睡时的安静与下午的那么一点点慵懒,都不再与住在高楼上的人们有关,他们偶尔隔着玻璃向外张望一下,俯瞰的视角里不管是春夏秋冬还是晨昏子午,天空永远是那样的天空,对面的楼宇也永远是那样的楼宇,一切都一成不变地冷冰冰,除了一天二十四小时持续轰鸣着的噪音以外,就再无其他的声响了。昼夜的不同只在对面楼上的窗户里的灯光,那些小小的窗户里的灯光亮起与否,是昼夜交替的唯一标志。

在高高的楼群中生活久了的人们,往往是小看距离的——不是说把距离不看在眼里,而是说把距离看小,比在平原上、在楼房少的地方的人们对距离的心理感受要短、要近。他们会不知不觉地以山一样的楼为心里的参照物,总仿佛自己是站在那高楼的顶端,视野可以放到其实很远而看起来并不远的另外的楼顶的地方……

从这里下楼,去距离不远的静安公园的时候,先要路过圆明讲堂。

圆明讲堂在延安西路高架桥下,在镇宁路与之相交的道口位置上;是一处黄墙黑瓦,散发出阵阵香烛的味道的院落,墙壁上大大的阿弥陀佛字样显示这里是一处佛教场所。

这一天大约是阴历的初一或者十五吧,早早地里面就涌起了巨大的人潮。一大片中老年人都在院子里低着头解着手里的香烛包装,很注意地将垃圾塞到已经满得都装不进去东西的垃圾箱。清明节前,这个可说是距离人们的家最近、就在市中心的位置上的上香之处,因着地理位置上的优越而人气旺盛。及至要想到端坐着佛像的正殿里去烧上一把自己的香,跪下磕个头,完成自己内心平衡所需要的几个简单的仪式,都几乎是一个不可能被完成的任务了——房子周围都是人,门口的位置上已经无论如何都不可能再塞进去任何一位了。

相比之下,同样作为城市人安放心灵的地方,公园还能同时安放自己现世的肉身。这个时间的静安公园,这个在历史上曾经也是安放逝者的灵魂的地方,正因为阳光普照而照出来大量的游人。上海的早春里的湿冷使人们无不盼望着阳光,这终于有了春天第一抹阳光的日子里,人们纷纷出笼,将浑身上下发了霉的冷湿尽力抖开,沐浴到那免费的阳光里。

静安公园,原本这个位于市中心的公园就因为处于一大片繁华的商业街的中心位置上而熙熙攘攘、人流不断,在这个难得的明媚的春天的下午,就更吸引了很多就近的居民和游客来驻足盘桓了。20摄氏度以上的温和空气里,玉兰花盛开在天桥口上,敞开的公园大门里粗大的悬铃木和蓊郁的广玉兰肥厚的叶片将一种南方春天的气氛烘托得味道十足。

从高层建筑里永远不见阳光的阴冷房间里走出来,突然沐浴到这样温暖洋溢的春天融融的气氛里,确实有一种融化般的美妙。所有的椅子上都坐着人,一把把椅子上坐着两个三个素不相识的人,他们像是在火车上、在地铁里一样默默地各自坐着,一起沐浴阳光,各自陶醉,却并不交流。

在那个手机上网和手机阅读还没有兴起的时代里,这样的场合中,人们要做的事情,能做的事情,既不无单调,从现在这个必然是人人捧着手机的时代回味起来,也竟然是有些丰富的。有的人看书,有的人看报,有的人支起了笔记本电脑,有的人编织着什么,更多的人则只是一味地坐在那里发呆,昏昏然地享受着生命中这么一段有光明的段落。

静安公园任何时候任何椅子上都是满座儿的,短暂的有座儿的瞬间只能持续几秒钟,一旦有人站起来马上就会有人补上去,像流水覆盖什么凹陷之处一样迅速而无声。就连带尖儿的石头上也坐上了人,水边上的水泥岸上,也坐满了人。而那些收钱的茶座上也坐满了人——他们中有的是真不在乎钱,有的是因为约了朋友而不得不不在乎钱。他们或者隔着玻璃窗凝视着公园里的阳光,或者干脆让店里把桌椅板凳都挪到水边的阳光里。注意观察会发现,外国人一般会直接暴露在阳光下,中国人则会选择靠近阳光但是阳光又不直射的阴凉中。这一片在高楼大厦之间显得越发狭小的自然天地,在这样阳光明媚的春天下午,显得弥足珍贵。

这里和普通的公园的差别还在于与最繁华的商业街直接相通,不时会有穿着各式各样的制服的年轻人走过,几个年轻女人穿着侧面的开衩很高的旗袍,一步一步地端庄地走着,侧面的肌肤的细腻之处就有节奏地闪开又合上,合上又闪开,吸引着所有总是以不看任何人为能事,也的确经常看不见任何人的都市人的目光,无一例外地盯着看——当然这样盯着看的时候总还是要装作一种无意之间的味道,好像那只是自己随意的一瞥,自己怎么会对那东西感兴趣呢,自己是见多不怪的,不比别的闲人的!这种既不要看又要看的目光,就使贪婪于春光的男人们普遍显示出一种游移不定的神色来。搅动一池春水的，总是春色本身。在自然规律的涟漪里，人和万物一样欣欣向荣。

一群每个人都拿着照相机的穿制服的孩子，显然是正在参加某个摄影爱好小组的活动，在公园里这里那里地照着相。几个男生在女同学的面前翻越竹篱笆，进入收费的园中园。他们的毅然决然和他们在跳之前的左顾右盼，奇妙地结合起来，构成了这个春天的上午里一种与周围的植被们的花开叶生一样自然的景观。女同学的惊叹是他们心中最美的声音，而一向被训练着要遵守秩序的小心，又是他们已经深入到了骨髓里的习惯。

跟他们比起来，成年人的游戏则要来得隐秘得多。公园北门前的两排粗大的法桐下，是光洁的石板路，门口的咖啡馆像欧洲一样将室内室外的空间连成一片，把桌子席位从里到外一直铺张开来，铺着雪白的桌布的每一张桌子边上几乎坐的都是外国人。因为在闹市里要一杯咖啡然后伸着腿长时间地坐着看街景是他们打发时光的习惯，这里也就成了他们可以庶几模拟往常时光的地方。

咖啡馆看准了这一点，用价格颇为不菲的方式，时时刻刻地挣着这些真有习惯的与模拟习惯的国内外人士的钱。将休闲展览到最热闹的地方，将悠闲铺垫到最花钱的基础之上，这对于有钱没钱的人们来说都是最有面子的事情了。看与被看，依旧是街道上可见的一切消费的重要主题。要让别人看见自己在消费，在高消费，这是最体面的。城市的表层之上，还不太会有默默地按照自己路数生活的那种自然而然，不管是穷是富，大家的生活中都有着似乎不能摆脱的表演与展示的意味。

上海的饭馆咖啡馆的服务生们，特别是那些在户外支了桌子座位的店铺的服务生们，往往都穿上了与欧洲一样的黑色长围裙，那种长及脚面的黑围裙使他们来来回回地走动着的时候风生水起，很有气势，而这种气势正是城市时时处处都在梦寐以求地进行捕捉的异域味道的一种。外国咖啡馆里的大黑围裙服务生除了服装上的特点以外，其实还有一个态度上的特征，那就是温和平静、不卑不亢。这里在模仿了他们的外表以后，也就自然地在一定程度上模仿了他们的行为举止之间的这种特征，以使自己的模仿更其接近。

另外一种情形是女孩子抽烟，似乎也是舶来之状。因为街道上行走着的外国女人中有很多都是抽烟的，所以这里的年轻女子很多也都抽了起来。在街上走着的时候，在咖啡馆里坐着的时候，总之是在能被别人看见的时候，她们就会点上一根，有人侧目了，就会自我感觉很时髦，很酷。至于她们一个人在屋子里的时候是不是也这样抽烟，那就实在也未可知了。

要在静安公园里找个位置坐下来是相当有难度的事情，不过公园外面的地铁口处的下陷广场，因为它的下陷而脱离开了地面上的车水马龙和熙熙攘攘状态，人们还是比较容易地就能在半圆形的层层看台上找到一个坐下来的地方的。这里的格局完全是欧洲那种乡间户外剧场的样子，层层就着地势修起来的台阶面对着下面一个小小的舞台，在气温适宜的时候，演出就会在这样的地方以一种没有门票障碍的原始聚会的样式进行。

这样的演出场所很容易让演员与观众达成一种其乐融融的联欢状态，那些在欧洲的村落周围的夏夜里举行的这种演出往往是年轻人狂欢的机会，如今在上海市中心的这个静安寺下陷广场上的演出也多少具有一点点那样的联欢的性质，而且更因为与周围林立的高楼缝隙里几乎没有驻足之地的匆忙焦灼的生态的强烈对比，使这里的演出更显得极其珍贵。

即使对演出没有什么兴趣的人，也大可以坐下来喘口气了。所以从开始有两个外国男女在舞台上调音，并试图用汉语说上几句什么的时候就已经开始有人鼓掌了。这演出之前的掌声鼓励了一向以沉浸在自己的音乐里为乐的演出者的兴奋。没有后台的舞台格式，使他们不管是在台上台下，不管是准备上台前的说话举止还是上了台以后的一举一动，都具有了一种被聚焦的万众瞩目性质。人在那种意识到自己的每一秒种都在别人集体的目光之下的状态里，大约是比较容易兴奋的。这是演出者独有的幸福。

一个长头发的中国青年，背着硕大的装在套子里的乐器远远地走来，一下就走到了外国演出者的中间，和每一个人贴脸，贴了一侧的脸再贴另一侧的脸，还没有演出就已经有了志得意满、如沐春风的好状态，随后熟练地解开套子，拿出乐器，一边说笑一边鼓捣着自己的家伙。显然，他从进入这个下陷式的广场开始，就已经意识到自己进入了画面之中，并已经开始了自己的表演。

台阶几乎是满座儿的。人们能在城市中心寻找到这么一片与周围的车水马龙既近在咫尺又像相距遥远、不受任何干扰的地方，坐下来欣赏免费的外国人的音乐组合的演出，若在别的中国城市，实在也是一件可以称得上罕见的事情了。

一个城市的国际化有时候不在于街道上有多少外国人，而是在这种不经意之中的中西合璧的文化行为中。和这个城市中心区的舞台、街道的人群年龄相一致，观众中的年轻人居多，大多也许是实在没有实力或者不屑于以公园门口的咖啡座儿中的那种老旧的套路度过春光的年轻人。他们几乎人人手里都拿着还嫌太早了点儿的冷饮，女孩们则穿着中间露一截大腿的半截袜——那一截大腿在气温还几乎是很冷的节令里显得非常白皙，白皙到了一下就能把人的眼球定住，然后自己意识到这种定住的不妥，又赶紧挪开的程度。年轻人和环境，互相装点着上海的城市的时髦气息，让自然的春天里更多了几分人气的烘托。

保安照例是过分负责到了一种厉害程度地驱赶着进入了前面演出圈的范围内的小孩子，脸上有一种并非煞有介事的非常当真的严肃，甚至可以说是严厉。这让人想起上海这地方的当年的看门人，缠着红布的印度保安建立过的这一行的传统。

我们城市的保安之多,在世界范围内都是一个非常显眼的现象:每家单位,从医院银行到超市旅馆,门口无一例外地都站着一两个穿着各式制服的保安;每个小区,每个居民点,每条里弄的外头也都站着类似的人。他们是成千上万普通劳动者中的一员,是人人可以分一杯羹的就业池中重要的组成部分。但是其中有些人态度也颇为值得玩味,因为别看穿得威严甚至吓人,但是他们的身份依旧是打工者,收入不高,工作时间漫长,来来往往的人们从他们跟前经过,也不可能人人都对他们表示格外地看上一眼、微笑一下的尊重。

但是,他们在对自己手中的权力,还是要充分使用的。诸如盘问或者提醒之类的事情,都执行得十分严格,有时候个别人严格到了过分的程度,抓住别人一点点小小的犯规之处就不肯放过。

比如在你一边骑车一边照相,就有正好站在路边的他们中的一个指着你呵斥,不依不饶、没完没了。其实当时没有车辆,距离车辆集中到来的时候还有相当的时间,招呼提醒一声也就算是尽到了职责。他之所以一副不肯善罢甘休的样子,让人感觉只是因为一丝权力在手而行使它的习惯。

权力对于人来说是一块测金石,有些人一旦手里有了一点点权力,往往就很容易这样过分地夸张地使用。在人类历史上,这实在已是一种见怪不怪的现象了。仿若一朝穿上制服甚至只是在家常衣服上佩戴上袖标,就突然极端起来,这样的记忆，似至今时，犹新之余，仍让人未免心有余悸。

在愈演愈烈的建筑缝隙里，显然静安公园的围墙已经越来越难以围住自己的一方园林状态的自然了。受侵犯的也许并非直接的地面占领，甚至也主要不是高空的压迫，而是这种人满为患的过分熙熙攘攘。在一种即使维持得很好的自然里，总是持续着这样商业化的热闹，在气氛上就已经有违真实的自然的最基本的框架。在本来应该是最自然的公园里，也依旧是充满了人们表演性的展示。这应该不是这个城市的品质影响力巨大的原因，而大约是静安公园实在与闹市之间太没有界限了的缘故吧。

夜晚的来临一点儿都没有影响静安公园里里外外的人气。这里与繁华的街道之间没有任何间隔，但是这个时间只要走到公园的大林荫道下的长椅上一坐，还真就像是来到了山林之中一般，有一种咫尺天涯般的异样。而实际上这里并不是山林，街道上的霓虹灯光与车流上闪烁的灯影时时处处还会映照到公园里来，公园的长椅上坐着的也有山林里绝对没有的短裙女人，还有一个人坐在那里吃着盒饭喝着啤酒的老外。这样在最繁华的市中心的角落里呈现出来的山林样的景观中，流淌着的依旧是时髦与时尚，是国际化的地球村状态里的一个小景象。这在包括北京在内的中国其他城市里，确实是再难找到的了。也许只有广州，才也会有类似的氛围吧。

08

光启公园的春

Guangqi Park

3月31日早晨,下了车步行一段,到徐家汇修电脑。

在上海这样的庞大城市,从居住地出发,或者从外面回到居住地,只能选择相对到达的方式。很难有正好可以不怎么需要走路出门就上车的公交线路,在目的地与家之间,都需要用脚去匆匆地走过一段或长或短的距离,才能一次或再经过一次或多次的转车,而达于自己要去的地方。"相对到达"就成了一个生活在大城市里的人的一种标准概念。好在上海这样的城市公交比较密集,车上并没有经常拥挤不堪。

住在上海,即使是常住居民也经常还是会需要一份地图。除非自己日常生活工作中经常到达的地方,否则如果不是地图迷的话,就不能将那密集的街道名称一一记到头脑里去。上海的街道都是全国各地的大小地名,而它们所在的位置又并不与全国地理中它们所在的位置对应,这就只能靠日久天长的习惯和记忆了。当然在手机时代这些都已经是老话,都是我当年写下这些笔记的时候的老话。

到了电脑城,惊讶地发现开门要等到十点钟。也就是说还有一个多小时的时间。时间突然成了多余之物,怎么打发?好在上海总是不缺少街景的。

在徐家汇的高楼大厦的夹缝里,在百脑汇之类的数码产品卖场云集的道边上,偶然地站在急急的人流和不停地骚扰着每一个步行者的广告人之外的一个角落中遥望一下对面的时候,很惊讶地发现,就在马路对面居然有一片西方式的教堂的尖顶。

现在虽然已经淹没到了周围的现代化玻璃幕墙的脚下,但还是可以想象原来它们雄居整个天际线的时候的那种欧洲小镇般的景象。这里是原来徐家汇的标志性建筑,是二十世纪初年外国人繁茂的宗教与商业活动在这里留下的痕迹。不过,在徐家汇,这种西方性质的建筑与文化痕迹与中国别的地方的西方建筑给人的文化气息却是不大相同的:人们,即使是所谓知识分子也接受得比较坦然。这种坦然来自于一个人,明朝的科学家与宰相徐光启。意识到这一点,才恍知所谓徐家汇乃徐光启家族后裔繁衍之地的总称也。在中国的历史上,享此地名因人而改之的殊荣的科学家实在罕见。而徐光启所以能如此幸运,自然不仅仅是因为其科学发明上的贡献,而更赖其当过宰相的官位。这是中国人的话语系统里的事情,在外国人眼中他的地位的确立却完全是因为他的科学成就。

他对科学的发现,以及用自己的发现和西方人进行了平等的对话的历史,获得了西方的认可,从而成就了这个人与这一区域上的东西方某种程度上的平等的氛围。徐家汇这个名字就是这种难得的平等氛围在国人的心目中的固化。那一片用西方的尖顶形成的天际线也就从此具有了一种使当时与后来的国人都并不感觉不舒服的合理存在的效应。

循着那教堂及其周围的路标导引,顺利地找到了距离不远的徐光启墓所在的光启公园。在春天的雨后,长椅上的水很快就被比较高的温度和很是温暖舒适的空气给晾干了,坐上去,不沾,不湿,可以安心,可以从容,可以稳定地观赏周围的一切。节奏感很强的音乐声中,一群中老年在石人石马石像生的一侧的树下跳着交谊舞。当这种异性搭配的舞蹈在这样的年龄与这样的场合里被跳起来的时候,有一个名正言顺的名号,叫做锻炼身体。如今,这个名号下的一切都是不容置疑的,一切以前或者被看作是男女之大防的陌生人之间的互抱都可以藉此而让当事人变得心安理得,让旁观者无话可说得只剩下了心生羡慕的份儿。时代话语和行为之间的互文关系,表征着社会的容纳与个人空间的拓展,本是社会发展的题内之义,健康欢乐而有张力,又人人都可参与,这就是公园这个平台并不必然人性化,但是却一定给人性化提供了恰当的场合的属性。

目光从他们身上离开,转到长椅旁边正在开放的桃花湿润的红色之中。雨后的园林,温和的潮湿气息还没有到黏人的程度,一切都还保持在舒适的范围内。四月将至,南方的天空下从往年延续过来的绿色,广玉兰肥厚的绿色与樟树高大的绿色,也有了一种不单纯是经过了雨的洗刷以后的新鲜的意味。在这长椅上的独坐里弥漫开来的季节享受,又加上了因为自己从未到达过这里而有的新鲜。这种因从未到达而获得的新鲜，是十分难得的。

早晨起来，随便这么一走就有如此事先未经计划的发现和到达，这几乎有一种儿童时代里懵懂状态中的异域偶居时候的惊喜了。相比我们在长期居住地上日复一日，年复一年，反复轮回一成不变的熟悉景观来，这样貌似轻易的到达里隐含着多么难能可贵的稀罕啊。

人生中从未到达过的地方，始终是人的地理审美中的一个巨大享受来源。当我们身在非长期居住地的外地的时候，就应该充分利用这种优势状态下的每一天。身在异地的时候，那种一味将时间放在屋子里，或者什么反复去过的地方的做法，实在是一种浪费，是对地理审美上的可能性的倏忽。

光启公园里的桃花，由不同位置和不同树龄形成的从含苞欲放到完全盛开的各个阶段的花形花态，都已经具备。坐在桃花树下长椅上，抬抬头、低低头，看看植被、写写笔记，俯仰之间已然半小时过去了。感受和书写，实在是拯救时间、拯救人生的一剂良方。

桃花粉红的颜色与樟树的墨绿，与悬铃木枝枝干干的全无动静的清白，及其间穿插着的不知名的黝黑的树干树枝，共同在高处构成了一种颜色十分丰富的存在。地面上宽叶的南方草木和细叶的竹子与它们在空中的植被伙伴呼应着，营造出一股股新鲜温暖的好味道。身处繁华拥挤的上海闹市，一转弯就能有如此享受。刚才徐家汇数码市场前的拥挤不堪已然被彻底忘记，剩下的只是在任何一个江南园林里都不难体会到的"偷得浮生半日闲"的悠然。

确实，能在这个时间里或者说是愿意在这个时间里来公园里活动的人，都是退下来的人，从制度中退下来的，或者是从心理上退下来的人。大家都有与街上的人、不进来的人不大一样的平和心态。在这片越来越深地陷入了周围的高楼大厦的凹地里的光启公园中，虽然这种由肯进来的人营造出来的心态上的普遍平和，与石人、石马、石像生和土堆坟所构成的永恒，有了相当程度互相影响意义上的互文关系，但是，古代的庄严与今天外面陡起的楼宇之间的不协调，还是有目共睹的。古代的庄严在这种比较之下的视觉凹陷里，再难有旧日的森渺与遥远，只剩下物之为物的干枯。用高楼大厦包围古人的庄严是当代人对祖先最大的不敬，由这种不敬的建筑格局引发的当代人对古人的漠视与忽视，已经是一种几乎普遍的集体无意识了。

如今之所以还有这么一批人要到光启公园这样被埋到了城市水泥丛林之中的地方来，只不过是因为这里有树、有花、有草、有空地。人们只是为了休闲才来，很少有人是为了对庄严的景仰了。被安排到了整个公园最靠街的角落里的徐光启纪念馆里的门可罗雀的状态，就是这种人们普遍的实用主义态度的一个小小表现。

生命的逻辑从来都是如此，活过并且至少在客观上留下了足迹既已足够。人类和社会的进步有时候既可能只是时间的流逝之中的自然而然,也可能是其间的某种波澜后的反思。生命伦理在被确认过之后,即为社会性的交待。既为尊重,也更为对后人的激励。

09

鲁迅公园的庄重与热闹

Luxun Park

江南公园里的春晨,是最迷人的。春花在绿色之中盛开,不同于北方春天里的那种风沙裹携来的干燥味道的湿润气息,弥漫在这春天的园林之中。人类作为一种喜水的生物,于此间欣欣然地呈现主动。

跳舞的,打羽毛球的,背着手散步的,下棋的。大家都是退下来的人,或者是人虽然没有退,但是从心理上则已经退下来的人,至少在公园里的这一段时间,都不再为功利奔波焦虑,不再为赶时间而匆匆忙忙,不再见什么烦什么……在这样的地方,宽松下来的不仅是环境,更是人们的步伐和目光。而春花好、空气润的江南春晨中,由这样普遍平和心态的人们所营造出来的人与景和谐的气氛,正是我辈初来乍到的人所罕见,所最觉新鲜的东西,是故吸引力就最大。

上海的公园里人们打扮得普遍整洁光鲜,举止之间也尽量文雅或者至少文明,间或还有俊男靓女出现。关键是人气壮,人多,任何一个地方都是人来人往,人去人还。很容易在公园的任何一个水边草地阳光下的地方,聚起人气。这并非平常赶路或者购物的人气,而是由普遍的悠闲态度和寻乐心理共同培育出来的融融之乐的气氛。人毕竟是群居动物,当和一大群明确肯定其无害的同类没有功利目的地在一起的时候，会生出一种往往并非虚拟的快乐。这种快乐来源于与同类共同验证了生命中的时间，体会到了人作为一种特殊生物在天地之间的固有的欢欣。这样集体的快乐就在春天的鲁迅公园里一刻不停地上演着。

鲁迅公园的风格完全是江南园林的格局样式，当然排除了过多的假山与回廊，吸取了西方园林的广场与空地设计。而鲁迅墓就更是典型的西方意义上的没有坟的坟：只在一道死胡同式的空间底部，在平地上立着碑。位于鲁迅公园的那个完全是国际化的装备与管理模式的鲁迅博物馆，白墙黑瓦，俨然绍兴水乡的气派。其间的安检与引导人员的服务模式都是国际化的，在绝对的严格里也有着当时国内的博物馆里所少有的礼貌："请""谢谢"之类的标准用语，不绝于耳。

很多时候所谓的与国际接轨，其实未必一定是绝对高大上的硬件，就仅仅是这样一个服务礼貌的细节足矣。但是就是这样一个貌似随意的其实源于人人平等、人人互相尊重的细节，却是很多地方怎么也难以达成的。这大约属于上海这块金字招牌在如今这个时代里的城市核心价值与意味了，尽管它在广州、深圳、厦门之类的地方也或可见。

鲁迅用文字点染过的人世永远铭记着他的名字，连带着他生前的居住之地、活动场合、死后的葬身之所，都成了文化本身。以他的名字命名的公园里有他的墓地和纪念馆是最恰当不过的存在，这里也就成了外地人、外国人参观的热门。

本地居民则各自有着各自的娱乐项目，唱歌、跳舞、看书、跑步，还有围观唱歌的，围观跳舞的，行行色色，各有各的地盘和场子；和外面的世界不同的是，所有的地盘和场子都是自发自愿免费不卖的，这里难得的是身在闹市而没有商业气息的地方。

仔细看，这公园里也还是上了点年纪的人占到了绝大多数。年轻人少有参加到歌唱与舞蹈之中去的，即便是周末，他们也还是不愿意到这公园里来凑老一辈儿的热闹。毕竟，稍微上了一点年纪的人，大都经历过了自己的或者亲人的、朋友的生老病死，悲痛欲绝的时刻里，他们曾经绝望地面对过人生中的种种黑暗，孤独和无助的苍茫使他们曾经对人类的生命本身也就是人类自己的时间，产生过或多或少的怀疑，甚至有过生不如死的极端体验。经历过那些以后，在这都市中的园林里，在自然的植被和人群的烘托之中，享受着和平的阳光，与同类聚集一处的时刻，就显得格外难得了。上了年纪的人一是有闲，再有就是意识到了人生的易逝，所以就更愿意经常到这城市园林里来，以这样的方式度过眼下这一天的生命时光。

一个穿着得体、干干净净的老人会在再无他人的情况下，直接坐到你的对面，当你还以为他要和你说点什么的时候，至少是搭讪一下，表达一下共同面对这公园中的美景的感慨的时候，他却扭过头去，并无要叙话的姿态。

在一个地方待的时间稍微长一些，就会发现，其实哪里人比哪里人更文明一些的朴素判断总是失之于简单，民风不同，表现形式有别，文明的人和事与不文明人和事总是会共存的。

不过既然有此偶遇，也就不便久留了，站起来继续走。鲁迅公园一头挨着体育馆，一头挨着老街道。在名人故居密集的里弄里行走，随便买上一点小吃，虽然总显得过于拥挤，没有立锥之地，但是依旧还是能获得一点点特殊地域里的新鲜感受。而多伦道就是将这种感受商业化以后刻意包装出来的旧场景了。严格来说，它们都是鲁迅公园外延里的景色呢。

多伦道整修一新的仿古街道，已经变成了旅游点，整修的水平还是比较高的，所谓修旧如旧，而且周围与其共生的其他胡同里弄还都基本上保持着原状，所以也还有旧日街市的某种模样。这种模样现代人没有亲历过，虽然都是源于老照片和旧影视中的印象，但是像不像，是不是原来的味道，却总是能有个大致的感觉的。

左联成立的旧址在多伦道上需要稍微转一下的胡同里。一栋现在看起来很不起眼的小楼，木头楼梯，木头窗户。小小的庭院里有一片竹子，竹子前面立着当年被处决的五个年轻人。五个年轻人死的时候的年纪不过二十岁左右，是现在看来还孩子气很重、未经什么世事的嫩芽子。他们有什么罪呢，无非是成立了一个、参加了一个按照与执政者不大一样的思路来治理国家、看待周围的事物的文学组织。而实际上在同一天在龙华监狱被杀的另外还有十八个年轻人，当天就有二十三位烈士牺牲。

在漫长的历史上，年轻一代之中有思想，要为国家的未来和人民的生活着想的人，有时竟不被容纳，那为了一小部分人的利益，不断地牺牲掉整个民族整体富裕与强壮的可能的历史，有着值得省思的价值。

鲁迅当年的居所距此不远，他和这一批牺牲者中的多位很有才华的年轻人都有诸多交集，他悲愤地写下的《为了忘却的纪念》字字句句都含了难以抑制的深重喟叹与愤怒。在走过鲁迅公园以后，再走到鲁迅故居，再走到多伦道，加上先前去过的龙华烈士陵园，这些历史的烟云便都在地理现场中被自己的脚步连接到了一起。

这样的连接对脚踏实地的连接者个人来说，不仅是学习的基础，更是建立自己的历史观察、人生判断的线索。

10

走过人民公园

The People's Park

像一切城市的人民公园一样,上海的人民公园也在市中心,在市政府的周围。在我们的城市建设模式里,市区行政中心总是要给自己配上一个公园,这个公园几乎无一例外地都叫做人民公园。从一开始这里就是人民游览的中心,是城市繁荣与展示的舞台,是代表一个城市的品质与风貌的唯一中心。现在翻看二十世纪五六十年代的报纸杂志,各地所有的人民公园都是人们节日游园的首选之地,也是农村或郊区或者外地人到达一个地方以后几乎必然都要去转一转的地方。在人民公园留影照相,在一个相当长的时期里都是人们对异域他乡的城市的珍贵纪念和个人行踪的得意记录。其实即使是本地人,在五一、十一那在星期日之外的难得假期里的度假方式,也无非就是合家一起到人民公园走一走,照上一张合影而已。现在上了年纪的人,一般都还会有这样的记忆。

虽然全国各地的城市行政中心对面或者旁边的公园几乎都叫做人民公园,但是在建筑规模与建筑方式、植被疏密程度与植被搭配上还是有着相当大的区别的。上海的人民公园,因为历史上这里曾是上海著名的跑马场,所以在新的国家建立之初这个公园的建设与命名都有着相当的政治意味。它从一开始就有着比之全国大多数的人民公园更其精致的建筑与植被安排。即使在今天周围都是高楼大厦了的情况下，这开放式的人民公园里，从地砖到亭台的建筑材料与维护保养的一丝不苟还是透着一股光洁的奢华。

绿树矮篱之间沟通东西的便道，成了步行交通者的近便选择；水中的亭榭里是就餐者们优雅的影子，价格不菲的底气来源于周围环境的闹中取静。一尊曾经的时代气息浓郁的工农兵的雕像，伫立在公园的角落里，和几个穿着校服的中学生构成意象的连结，而他们之所以占据那个位置，或并不是在瞻仰什么，仅仅是因为那里僻静。他们在僻静处嘀嘀咕咕地将他们又是孩子又是大人的秘密，作着煞有介事的共同商量与分析。

人民公园的历史被这样不露痕迹地修改着，不过也有些大动干戈的土木之变。比如对着南京路等一些繁华路口的东北面就被修成了高耸起来的土坡，坡顶上不仅有树，还有大量的咖啡座，人们甚至可以在那里凭栏眺望，眺望近在咫尺的高楼大厦和不息人流，那是几十年以来发展前沿的成果的直观表现。

人民公园的长椅上照例是没有什么空闲的，外国人一般都直奔位于人民公园的湖畔饭馆，面对茂密的植被和湖水，也面对消费不起或者没有他们那样独特位置的餐饮消费习惯的游人，川流不息的游人——川流不息的外地游人东张西望，同样川流不息的本地人则聚集在自发的征婚角，长长的塑料绳上挂满了本人条件和对对方的要求——一般来说在现场的征婚者本人是很少的，通常都是上了年纪的父母代行其事。

随便瞄了瞄征婚的条件，对于这些一般来说已经是剩男剩女的大龄男女来说，其余的条件大家似乎都不约而同地不怎么重视，唯一特别要提出的，就是对方要有房子，尤其是男方要有房子。没有房子，基本就谢绝询问打扰了。上海的房子是一笔天文数字的巨额财产，没有房子就意味着男女双方或者双方的父母要付出极其高昂的代价才能让新人有一个容身之所，而那对于一般的人家和一般职业的人来说，几乎是一件不可能完成的任务。

人民公园里的厕所是比较干净的，这来自于其雇佣的保洁人员的勤奋和管理制度的严格。除打扫厕所的保洁人员之外，公园里干活的工人也几乎和到处都行走着外国人一样多，这是上海通常的街景组合，人民公园也不例外。在这个可以说是大陆上最为国际化的城市里，照样有着中国城市最普遍的浩大的施工队伍。他们在许许多多的默默劳作着的体力劳动者的形象中，既有来自周围庞大的财富与衣着上的压力的羞涩，也不乏一种完全正视自己的地位的坦然。在任何场合里，劳动都是人之为人的光辉本色的表现。

这个原来的人民公园显然已经被认为是不够规模与气魄了，在行政中心的对面又加了很大一片长条形的绿地，行政中心大楼那个虚拟的大门正对着那片绿地里的上海博物馆广场。之所以说是虚拟的大门,是因为这里是建筑的中心,是通常正门的位置,在建筑本身上也确实是修建了门所要有的高耸的台阶,那台阶上还站着两组护卫士兵,仿佛这里真有一个可以人和车川流不息,随时需要提高警惕加以防卫的门似的。

不过,门的正前方其实是被绿篱笆锁死的,任何人都无法从那里正常出入。这里只是一个具有门的一切形式,却并非真正的门的地方。这种表示着最直接的建筑特征的方式,努力营造着一种宏大的气势,自带威严地俯瞰着每一个从门口走过的人。

现在广义的人民公园似乎不仅包括原来的公园,还有这"门"所面对的博物馆广场及博物馆广场那一面的绿地了。

上海博物馆位于行政中心的对面,人民广场的中间,坐落在一个最有面子的位置上。外形奇异,内装华丽,设施现代化,进门处中外人士都需适当地排队等候的措施,让参观者心目中顿生敬意。而严格如上飞机的安检,也非但没有惹来人们的抱怨,还让人产生了一种物有所值的欣慰。有意思的是,在当年还没有后来这些年普遍的地铁安检、进门安检措施在全国全面实施的时代里,上海博物馆门口的安检,不仅没有让人觉着麻烦,甚至还曾让人有一种高档高级、肃然起敬的好感受。

当然最让人觉着舒服的还是完全免费的与国际接轨的票务安排。作为这个城市或者说这个国家中最为发达的一部分,给它的国民，给有幸到达这里的人们提供的一种展示与学习的资源，博物馆就如公园，是公平对待每一位来访者的，不用就是浪费。从这个意义上说，能在一座城市里安定地住下来，转一转公园和博物馆，行使一下自己的权利，就是游历的题内之意，并进而也是人生享受的题内之义。

博物馆的展品非常丰富，音乐、绘画、书法、陶瓷，中国古人将生命过程中的实用之外的情绪寄托到了这些艺术品的形式之中，最初的形成绝对不是出于成名或者挣钱的世俗愿望。他们将人世的时间和精力消耗在这些形式中，消耗过程本身带来的充实感，与在这些形式的既有规则中增添了自己的创造而带来的兴奋，使他们获得心理上的满足。带着这些满足将生命使用掉，无意中却又将生命中的满足与辉煌部分地凝固到了这些形式之中。这就是我们今天还可能被这些艺术品所感动的一个原因，因为我们在某些时候，还是能从这些形式中看到当时他们作为生活过的人的欢欣或者悲痛。

博物馆是丰富的，也是很容易让人疲劳的。转博物馆的体力消耗、精神消耗往往被我们在事前忽视，在事中惊觉。如果没有大块的时间，不能进行中间适当的休息的话，就很难将一座庞大的博物馆的每一个展区都一一走到。好在还可以再来，好在走出博物馆以后外面依然是人民公园的舒朗的公共空间。

在博物馆广场与城市行政中心之间，有一个很大很高的喷水平台，平台上赫然挂着一个警示：此处禁止洗澡。这句警示语其实想来主要是说给正在周围施工的工人的，只有他们没有合适的花费，只有很少的地方可以洗澡，但是这警示故意含混地说出来，似乎是警告任何人的——甚至可以理解成是说给周围大楼里衣着笔挺时髦的职场中人的，是说给外国人的，说给所有经过这里并有潜在的洗澡的可能的人的。

就在距离这个警告不远的地方，正有一个女人提着一大塑料袋盒饭——是集体吃盒饭以后的垃圾，并非满满的盒饭——在阴湿的树丛里走着，一大群流浪猫跟随着她，这个队伍越走越大，不断有别的猫闻风而至。她们要走到一个相对固定的地方，在那里女人将那些盒饭或者说是饭盒从塑料袋里拿出来，一一打开，猫儿们就一拥而上，如此，也形成了一种喂猫的街头景观。

人民公园的周围除了博物馆以外，还有上海音乐厅、上海美术馆、上海大剧院、上海规划馆等游览参观性质的公共设施，总之是一片相对集中的高雅之处、悠闲之地。想想，就连洗澡和喂猫其实也都并未远离这样的城建规划性质呢。当生存无虞之时，我们一向就可以悠闲。

人民公园的南边是上海市行政中心，北边是二十世纪七十年代之前一直作为上海的象征的上海国际饭店的二十层的大楼，它巧克力色的外墙和曾经傲然耸立的楼体现在已经沉没在了一片比它高得多的高楼大厦之中，显得十分逊色了。当年围绕这个曾经的高层建筑所构造出来的故事，被这样新的楼宇地理格式给比得，有了明显的过气的意象。所有依托到了建筑里的故事,都有此之虞也。尤其是现代人的建筑,它们从来都不可靠。今天还在大加炫耀,明天就可能时过境迁,被更新更高的建筑所超越。从这个角度上说,在人民公园环顾建筑天际线,大约也可以算是一个游览项目了。

II

世纪公园的钟声
Century Park

梅雨季节里绵绵不绝的雨中,红色屋脊上立着一溜真正的鸟儿。如果不是它们会偶尔抖动一下翅膀的话,真让那些从高楼上的一扇扇窗里无聊地一次次俯瞰着下面的屋脊的人们,以为那不过是些建筑构件呢。在这样的雨里被日复一日地关在屋子里,终于到了忍无可忍的时候,撑着伞走出去,走上了去世纪公园的路。

楼下的广玉兰树在梅雨季节灰色的雨幕里,盛开着一朵朵雪白的花。那些白色的花儿们从油绿的叶子中破身而出,因为浑身上下的丰厚的腊质,所以越是被雨淋着越是鲜艳。它们是这个平淡沉闷的季节里的亮色,是早已经过去了的春天最后的延续。

在这盛夏的时候,除了广玉兰花以外,还有另外一种盛开在树顶上的花,那就是浅红色的榕花。榕花暗香浮动,常能在一个雨住风歇的瞬间里突然让人呼吸到一种直逼肺腑的清香。地面上也不是就没有花了,有一种灌木似的矮小的植被,开满了细碎的小白花,这种小白花因为处于人们的视野之下,所以能被经常注视到——不像广玉兰需要仰望,也不像榕花需要闻到花香才抬头去找。这些小白花加上梅雨季节里比真正的夏天要低很多的气温，使人意外地在上海这样世界级的人口大都市的盛夏里，获得了一种完全超乎预期的清凉感觉。

上海地铁里的状态是紧张而有序的，上下班的高峰时候，人们都急急地迈动着齐刷刷的脚步，向着彻底相反的方向疾行。好像这地下世界里可见的动力来源是人们这样整齐的脚步，一旦没有这么整齐了，就会乏力，就会懈怠。当然这实际上是因为空间有限而人员众多，人们不得不以这样列队的方式在有限的狭窄空间里疾行。

我听到两个人在车厢里对话，其中一个说："知道吗，咱们头顶上现在可都是高楼大厦！"他的意思是，地铁列车正越过黄浦江，穿过刚才在外滩上他们所见到那一片巨大的楼丛。对方笑了笑，没有再出声，因为周围的人们都像是什么也没有听见一样安静。人们默认在地铁或者公交车上尽量不说没有用的话，这似乎是约定俗成的；而不管汽车还是火车，在长途车辆中他们就会比较放松，很容易不矜持地滔滔不绝起来。我之所以能记住这个人的这句话，只是因为他所进行的地理想象是事实，是地铁正在带着大家穿越城市的事实。正是因为有了地铁，才使这样即便是看大比例尺的地图也一样觉着遥远的目的地，有了成为目的地的可能。

相比之下，上海地铁里，不管是上下口还是候车区都没有闲人，不是上车的就是下车的，再没有第三种人。不过静安寺地铁的门口却有一个卖报的老人。我本没有买报的习惯，但是这一天走过去以后又走了回来,拿出一块硬币给了那卖报老人。因为走过去的时候闻到老人散发出一股风湿膏的味道,这种味道在有经验的人那里就可以明白贴用的人会有怎样的痛苦。

这是一方面,另一方面也许我更愿意相信是因为手里的硬币有点碍事。上海市面上流通的硬币明显比北方多,地铁自动售票机只收纸币,找出来的却都是硬币。不过很多公共汽车的收费都是两元,又很容易就把人们不愿意长时间携带的硬币又尽量收回去。这样就在地铁和公共汽车之间形成了一条硬币的链条。但是兜里硬币一旦多了,还是不大方便。

老人问:"什么报?"

随便指了一下,因为这一块钱给他的时候是出于一种照顾的想法的,没有想要什么报纸。可是又想那样就显得过于直接了,于是随便一指。

结果那老人就把最上面一张被雨水淋湿了的报纸递了过来。他并不知道买报人的善意,还是以做生意的那种习惯性的手法来对待着顾客。看你不像很在意,就拿了上面一张被雨水淋湿以后很难再卖出去的报纸。

我拿着那张报纸,略有所感。不过想了想起初不是并不想要报纸来着吗!便在地铁出站口将它扔进了垃圾箱,始终都没有看那报纸一眼。回想起来,那应该是手机时代来临之前,自己和街头报纸接触的最后记忆了。如果那一天不是下雨的话,可能拿着一张报纸到世纪公园里看一看还是很不错的选择呢。

　　世纪公园在浦东，在传统的上海之外，在传统的上海郊区。在习惯的地理心理上，它拥有一个郊外的位置，而现在又有着城里的交通便利：地铁直达。不必兴师动众大费周章，只要和平常上下班一样地坐上地铁，就可以直接到达这公园的门口。稍微有点不同的是，这个公园不像城里的公园那样免费，而要收门票。这个门票相对于里面那么广大的面积和它的这般容易到达来说，应该是物有所值的。据说上海的世纪公园是当时全国城市公园中最大的，即使不是最大也应该是最大之列的——步行其中一圈的话，大约需要两个小时，足够说是远足了。

　　世纪公园就建在河边的平原上，其中的湖山皆出自人工。在平原上挖湖而成山，山上植树，树下种草，形成一种平原地带的起伏有致的景观。因为相对于市区的公园来说面积是非常庞大的，庞大到超过了几乎所有城里人的想象，在地图上都占据了很大很大一块绿色，所以这公园不同于所有城里的公园的自身特点，也就由此而成了。

　　地方大，植被丰富，景观制造的空间与余地就格外多样。河岸上密集种植的向日葵，绕着草坡形成的遥远的行走路径，还有道路间很让人感到有几分意外的国外的郊野自行车道旁的那种笨重的木头桌椅休息处，都让人眼前一亮。这个细节是上海人善于学习西方的一个重要显示，它提供的绝不仅仅是一点点坐下休息的方便，而更是将这一片山水国际化的苦心。遗憾的是这样的桌椅被安排得过于密集,失去了路途之中正常的休息之用的原意。这大约也是出于国人一种普遍的只从便于管理者管理角度出发考虑问题的习惯,将桌椅集中在一个地方自然是比分散了要好管理些。

更有特色的是湖边的长椅,椅子与别的公园的椅子并没有什么两样,区别只在头顶上有一个遮阳伞,有阳光挡阳光,有雨挡雨,既没有阳光也没有雨的时候,还有最基本的一个构成元素,那就是浪漫。所以尽管这时候并非周末的下午,只是梅雨季节里的一个暂时雨小了的时候,公园的人很少,但是这湖边的长椅上却几乎是没有空闲的。

坐在这样有伞的长椅上,面对湖水,面对遥远的湖水对岸逶迤的绿色"山脉",没有任何目的地望着零星的雨点儿在水面上砸出来的涟漪,还有眼前的栏杆上停留着的白背水鸟儿,身后突然敲响了教堂样的悠扬的钟声——那是一座矮矮的教堂塔楼样的钟楼,从外形到钟声都模拟了欧洲的村镇中的教堂。它传达出来的轻扬与悠久,使坐在水边上的人,感觉自己仿佛已经登上了什么时间机器,正在欧洲,在什么人类与自然和谐着地方做着神仙之旅。

一般来说,上海的公园都在高楼大厦的背景下,是须仰视才见其顶的众多的钢筋水泥的高大压抑的视觉状态中的一点点喘息的机会。这个机会因为时时也还是依旧能看见周围的楼宇而显得十分可怜。人类生存环境的狭隘与压抑,在这样的都市里是登峰造极的,即使在公园里,也难有根本性的缓解。

不过,世纪公园基本上离开了这样的窠臼。视野之内,唯湖山而已,林中小径、水边长路、跨越河流的桥、伸进花丛的甬道,所有格局与细节都努力将人向着最广阔的园林引导。而无论向四周怎么瞭望,也几乎都没有那些高楼大厦的背景,真仿佛置身上海之外了。

当然这里记述的是 2010 年的世纪公园的景象,其后怎么样,是不是可以一直保持这样自然的天际线,则也未可知矣。

12

黄浦江两岸与苏州河两岸的园林漫步

Parks along Huangpu River & Suzhou River

这一江一河的两岸的某些段落被开辟成了绿地，这些绿地有的互相连缀，总体上看也基本上有了一点沿水公园的意思，尽管还没有统一的名称，但是事实上却是比之城市之中那些有着明确的公园名称的园林更具有现代意义上的开放性。这种开放性意味着园林与人们的日常生活环境的界限的某种程度上的模糊，使人们在进行交通性的行走与休闲性质的散步的时候，不知不觉就能涉足这被规划与整理过了的"自然"之中。

之所以将其称为"自然"，是因为它在结构上具有了某种"无边无际"的性质，尽管距离理想中的那样沿着一条河可以永远地走下去的真正的无边无际的园林还差得很远，但是毕竟也是有了这种意识，不再将河边仅仅作为垃圾场，作为厕所的背面敞口，或者仅仅是作为外滩那样单一的观景平台了。

相对来说，这两条流水之畔给人感觉比较好的部分是苏州河黄浦江汇合处南岸西行的一段几公里长的段落和浦东的黄浦江边的沿江走廊，这两处并不宽敞的水边园林基本上已经形成了步行道与慢车道都可以伴着流水前行的模式，可惜的是或者没有专门的自行车道，或者是虽然有路却又禁止自行车入内。但是走在这两处地方，既可以不必担心车水马龙的威胁，又可以从容地欣赏周围林立的城市建筑；既可以看天空流云，又可以注目水中行舟，对于拥有两千万人口的大城市上海来说，就已经是难得之妙了。

遗憾的是，理想的生活环境里那种可以一直沿着一条河走下去的美妙的大园林的设计，也就是将园林与自然融合的设计，将一条河从源头到结尾之处全部纳入园林之中的宏伟思路，即使在上海这样号称中国最先进的城市里，也依旧是一件即使不是遥不可及也远未完成的事情。我最初写下这些文字的时候是十一年前，不知道现在情况如何，河边绿道是不是又有所延伸？

走在这样完全敞开甚至没有命名的"园林"之中的另一个好处就是可以直接望见镶嵌在河流两岸的人们的生活场景。在这样既在公园里也在生活中的漫步里，逐渐发现了一些颇有意味的现象。

上海有一种在中国的其他任何城市都少见的精致，马路上的精致：路通常都不宽，上下道明确，路面一尘不染；逢便道中立着一棵大树的时候，窄路还就要分成两岔贴着树干绕过去，以保留这大树给道路带来的婆娑树荫。行人车辆各行其路，这一点在全国别的大中城市大约也能基本做到了，但是对于所谓影响通行的树木，就几乎无一例外地被砍掉了。不管是城市的规划者还是建设者，即使有保留树荫的意识，也还少有这样几乎已经成为规则的实践。后来在全国这一点也逐渐推广开来,有越来越多的地方具有了上海的这种道路,哪怕临时绕一下,也要将大树保下来的为人称道的操作。

上海跟国内别的城市比,还有一个很鲜明的特点就是几乎没有尘土,有风也没有土。没有土也就没有了泥泞,不仅是马路上走着的车因为雨水比较多而显得少了泥泞与灰尘,而且窄而干净的马路边上的树木花草下面也都几乎没有垃圾;与之相应,行人着装现代而整齐,面貌之中少有脏污与粗糙,都像是刚刚洗了衣服洗了澡;即使那为人所笑话的睡衣外穿的人,看得多了以后,你也不得不承认那被穿出来的睡衣都是干净的,而且花式多样——穿睡衣出来当然首先是方便,在气温一向比较适宜的上海,睡衣的薄厚往往是同时适合室内室外的温度的,但是穿睡衣出来的最初的动因,据说主要应该不是温度,而是一种显示,显示自己已经有了穿着睡衣睡觉的文明高雅的习惯了。不过现在大抵没有这个缘故了。

上海人普遍地穿衣整洁,在中国的城市中基本上可以属于绝无仅有之列。这一点只要到上海周围的江苏、浙江那些经济发展一向都是走在全国前列的城市里去看一看,就会明白它有多么珍贵了。即使是昆山、嘉兴这样距离上海很近,经济又非常发达的外省城市,和上海比起来也已粗糙、简陋了一些。这种精致,源于生活水平,也源于文化素养,还有就是长期的外来影响,使整体上市民的普遍着装状态与卫生习惯都提高到了一种代代相传的传统的水准上，形成了人们一种潜移默化的习惯。

上海的精致还体现在对价格与商品的一丝不苟上，买什么，多少钱，多少分量，都是不容含糊的。这在以前曾经被某些人认为是小气，在如今生活成本普遍提高，物价水准普遍上扬的时代里，这些锱铢必较的原则、这些在法制的经济环境里维护个人权益的习惯，也基本上都被全国各地的人们接受了。但是上海人做得显然更精确，他们的目光里精确与精明的不容置疑，是有目共睹的。

有意思的是，在上海最繁华的街道和最国际化的街区上，地铁站口穿行的人，除了外国人，国人大多是年轻人。他们是参与这个现代化的城市的血脉运行的主力军。中年以上的人少见，他们中的一些在里弄与老街区之类生活成本低相对较低的地方。不过即使那样的地方，这种干净整洁的传统的印象也是普遍的，比如每家每户门前都会放一个盖着盖子的马桶的老街里，稍微注意一下那些提着马桶去倒的老人们，你会发现马桶的盖子上还非常细致地拴着一根布带子，以防盖子被碰开了里面的秽物外洒。当然更多的时候是防止摘了盖子以后忘了盖，那条绳子会让善忘的老人们警醒。

上海人的衣着打扮和行为举止一般来说普遍比国内别的地方要讲究，不管经济状况如何，出了门，穿衣戴帽，一举手一投足，不说时髦不时髦，整洁与雅致还是要的。在晾衣服这件事上，也能见出本地的传统。大约是因为上海的晴天比较少的缘故吧，一有阳光的日子，不管外衣内衣，不管男衣女衣，都会挂出来，挂得大方，晾得仗义。走在街上迎面遇上挂着的贴身衣物，任何人都见怪不怪，不以为怪，绝不多看一眼就走了过去。在狭窄的人行道上，各种颜色的被褥被横着晾在矮矮的绳子上，几乎截断了道路，也似乎明显妨碍了通过权，但也不会有不满的声音，大家沉默地换到车辆拥挤不堪的正路上走就是了，甚至连小声的牢骚都没有。大家都对这神圣不可侵犯的晾衣权，格外尊重，即使牺牲了自己别的什么权利，也都能忍耐。

上海人的晾衣架非常有特点，几乎和某些人喜欢穿着睡衣上街一样属于自己独有的文化现象。小街道里，一家一户地，每家每户都会向着窗外支出长长的两根竿子，这两根竿子传统上是竹竿，现在多是不锈钢的材质的。这样的竿子有的已经开始出现了变异，最前端会联结起来，形成一个稳定的回路，远远地看上去就好像是一个伸到外面去的花格平面。这使其占领空间的意味更其明确了。

在这样的竿子上，晾上从上衣裤子到内衣袜子之类大小不等、长短不一、颜色更是各异的大人孩子的衣服，晾上被褥、枕头、床单和鞋，家中所有的衣物都一一呈现到了喧嚣拥挤的街头。因为街道狭窄，杆子出来的又很长，所以往往晾的衣服就飘扬在行人的头顶甚至肩头，更有甚者还会把衣服、被褥干脆拿到街上来晾，占了便道以后，行人就只能上马路了。

上海人的晾衣服,是有点天经地义的权利的,不明就里的外地人看去,貌似这与凡事很讲究的风格相违和,但是传统和气候条件又决定了其独有的理由,有着干涉不得、改变不了的特性。即使是住到高楼了,甚至是高层建筑了,也多有竖出来一个铝合金的长方形的架子,逢到晴天的时候,整个向阳的一面,家家户户旗幡招展,号带飘扬,形成一道"靓丽的风景线"。

据观察,这种晾衣服的方式在主城区和郊区都是毫无二致的,也许城市管理者也试图干涉过?但肯定是干涉无效。上海的阳光珍贵,而比阳光更珍贵的是上海的空间,各家各户都可以用晾衣架的方式占有一块免费的空间,这样微妙的心理上的攀比,可能一点都不比晒衣服的实际作用来得小。

显然这种特别重视并且一定要行使自己的晾衣权的现象,最根本的原因其实就是气候,是潮湿的梅雨季节里任何东西都能拧出水来的不舒服,是把什么东西稍微放一放就会发霉的难题。也正由于此,这种坦然的晾衣权就并非只属于上海,在上海周边的江浙城乡之间,这也是一个悠久的习惯。实际上,上海的习惯很多是来源于江浙,或可说,上海就是诞生在江浙的土地上的,这般地域之间的文化传统与生活习俗的相似性,在世界上许多地方,也是自然的事情。

徐家汇公园

中山公园

中山公园

长风公园

世纪公园

世纪公园

世纪公园

世纪公园

世纪公园

复兴公园

复兴公园

静安公园

静安公园

共青国家森林公园

共青国家森林公园

豫园

13

大宁灵石公园和黄兴公园的像与不像
Daning Lingshi Park & Huangxing Park

作为浦西最大公园的大宁灵石公园,其名称在外地人看来十分拗口,在马戏城下了地铁以后,走进公园,进去以后越走越宽,直到超出了在上海狭窄的街道里已经被培养得有些狭隘了的想象。这公园的中心是一个大大的湖,还有据说长达四公里的环湖路径,从一直围绕着湖边的路上透过树木向湖水张望,浩瀚的涟漪和岸边的沙滩都让人有点喜出望外。这样的喜出望外显然不是个别人的个别感受,而是大多数来游园的人的一种普遍兴奋。大家在沙滩上铺上野餐垫,在草地上搭起帐篷,营造出一种其乐融融的假日野餐景象。追追跑跑的孩子,挥舞着球拍的中年人,还有四处拽着长裙拍婚纱照的年轻人,与这公园里的自然风光互为映衬,使这里成为上海作为拥有高品质生活的传说的一个佐证。

　　黄兴公园与大宁灵石公园很像。门口都有地铁直达,它们的建设时期大致都是在2000年以后2005年之前,建园的观念和审美趣味都受到了同样的至少是类似的旨趣的左右。都是挖地成湖,堆土成山,环湖小路与湖边草地的设计,还有坡顶休息长椅的摆放方式都如出一辙,所谓现代性都停留在那个年代的水准上,西式的水边草地与沙滩设计还有疏林广场中密集的长椅安排,都来自一个同样的图纸,一个一模一样的构思。

如果说看第一个还不无新意,再看这一样的第二个就立刻让人觉着雷同了。当然这种由比较而来的雷同之感一点都不影响置身其中的人们的享受,毕竟每一种园林也都还是园林,而园林在这个拥挤程度非常高的城市里总是一种异常稀缺的资源,在城市中的每一处不是建筑而是林木山水的地方,哪怕什么都没有就只是一块平地,也都让建筑缝隙里的人们趋之若鹜。

正是因为这个原因,不论黄兴公园还是大宁灵石公园,总是处于一种游客络绎不绝的状态之中。对于附近的居民来说,对于乘坐地铁很容易到达这里的游客来说,这是一个从城里脱身出来消磨时光的很方便的地方。在草地上铺上野餐布,让孩子在周围自由地奔跑,大人躺在那里悠闲地看书、说话,这样的幸福场景是不管公园的设计雷同与否的,在人口密度越来越高的城市里,一块自身自然的喘息之地已经弥足珍贵。

黄兴公园里的婚纱照小组也是络绎不绝,因为被拍摄者的着装与情绪基本上都是一样的,所以恍惚感觉是同一个拍摄小组不停地出现在你的前后左右,甚至是大宁灵石公园里的拍摄小组转战到了这里,是你在全国各地的公园里见过的婚纱小组,是那同一对新人一再地出现在你的眼前。

正如多年以前都是到照相馆里照上一张事后涂上色彩的

大头照一样,现在的所谓户外婚纱照也陷入了新的窠臼之中。这公园周围很多这几年结婚的人如果有一天有互相到家里去参观的机会的话,一定会发现大家挂在墙上的结婚照在背景上的大同小异。

上海的公园,就是这样成为其周围一定范围内的人们游玩的背景、婚纱照的背景与人生的背景的。公园作为点缀在城市里的自然的标本,其树木婆娑水面荡漾的景象作为一种珍稀的存在,是大多数时间都生活在墙壁与马路的背景里的人们更愿意贴近的背景幕墙。

黄兴公园的命名初看之下也有些匪夷所思,后来看了介绍才知道这位既非上海人也没有在上海搞过革命的民国政府的军事指挥者、革命领袖,1916年来上海看病,并因为没有看好而在这里去世,这才与上海有了这么一点点关系。然而,纪念的逻辑也并非须多么丰沛的历史细节。历史文化的标签就是这么被很"客观"地贴在这一处园林上的。一些时候,历史只重事实,无关其他。只有后人将心比心的时候,才会有所感慨。因为它在后世更大的意义已经是可以藉此传播英名,让有心人认识历史、铭记既往。

14

共青国家森林公园的森林景象

GongQing National Forest Park

这个公园的名字，从字面上去读的时候需要断上一两次句，才大约理解清楚其意涵。首先是叫做森林公园，然后级别上是国家级的，所以叫国家森林公园，而公园又被命名为共青，因而称为共青国家森林公园。名字虽长些，只要进去以后有自然的植被，有比外面好得多的风景，也就可以了。

森林公园门票十五元，确实比门票两块的大宁灵石公园好到了七点五倍以上、比三块的黄兴公园好到了五倍以上。从一进门开始人就在树荫里了，也许树还不够粗，还不够高，但是树荫的的确确是有的，叫做森林也并不是很勉强了。这在中国的公园里，即使是号称森林公园的公园里，也是罕见的。尽管这里的树木与真正意义上的森林比只能算是小树，不过置身在这样于我们已经是十分难得的荫凉里，已经多少可以呼吸到一种类似于森林的气息了。

水杉被集中地种在一起，笔直的树干和异乎寻常的身高，林下是矮矮的花草，花草之间完全是由进入林中的人们踩出来的自由的路径，都很有了些真正的林子的意思。

的确，在森林公园里行走，冲着森林而来的游客们可能会有不少人产生这样一种感觉：好像就是要寻找这样一个地方，一个在某个角度上看过去，或者某种特殊的时刻呼吸着的时候，可以闻到的类似于原始森林的气息；高高的广玉兰树密集的树枝树叶在林中形成一种幽暗的气氛，林中的黑让人想到了黑森林里的黑。落叶并不打扫，积年的枯叶踩上去喀喀有声，倒是成了坐在林下的长椅上的人们的一种天然警戒装置，还在很远的时候就能凭着这脚踩落叶的声音而发现有人或者有动物来了。

树下的长椅面对小河，有的椅子在阳光下的草地上，有的则已经完全隐在了广玉兰树的肥厚的大叶子之下。这种背靠林莽面对河水的幽静与开阔的场景，很符合人们对隐秘与舒展的两种不同方向的要求。身后阴翳匝地的大树都是广玉兰树，广玉兰树一年四季都可以生长，所以它们形成高大的树干和婆娑的树枝要比别的树快很多。它们有着厚厚的蜡质的树叶簇拥在一起，形成了林子里一种遮挡住阳光以后的阴暗。

森林公园足够大，不仅有野猫出没，更有这样流浪狗逡寻的景象。几只狗在林子里玩耍着，互相追着咬尾巴的游戏告一段落以后，便重新开始了自己的正经事。寻寻觅觅地从一把椅子到另一把椅子地找着人们丢弃的可吃之物。他们蹀躞来去，像鸟儿一样自由与无间，不期然就有了一种配合了游园者的仿佛处身真正的自然之中的感受的功能。

森林公园里的林间花地的设计是独具匠心的，充分吸取了山野之中的自然状态的花地、草地与周围的树林的关系方式，尽力在模仿大自然的造化，竟也约略学得了几分皮毛。这种学到了皮毛的证明就是人们趋之若鹜地奔来照相，窄窄的小路上来来去去的是一辆辆运载着拍摄婚纱照的人们的电瓶车，活儿很多，车也就开得飞快起来。风景有了自然的模样，人心却是很难真正也回到自然之中去的，稍有风吹草动，就会重新投身到赚钱的急迫里去。

从地图上看森林公园濒临黄浦江，可惜大部分都被隔离着，只有一小块地方有一个高高的岸，越过防洪墙看出去，也都是繁忙的工厂和工业码头的景象。对于这个林木为主的公园来说，通常更能吸引人的沿江园林的自然视野，还是一个有待开发的角度。不过根据以往的经验，那也一定是一个可以大有作为的角度，令人期待的角度。

就眼下而言，这公园最有价值的除了基本成林的树木以外，就是其间的几处将造景的园林与真正的自然的植被水道走势不露痕迹的巧妙结合之处了。那种老柳树歪在河边上倒而不扶的样貌得了西方园林的顺其自然的精髓；而将大面积的草地、林带、河水和河岸上的柳树行子按照西方绘画中的模式和比例安排起来的规划，又让置身其中的人很容易有一种到了异域的恍惚：那河仿佛就是每年都搞划艇比赛的剑桥大学里的河，那草地好像就是德国勃兰登堡门前的森林公园里的草地。

应该说，一座公园能为人们提供一种遥远的近乎想象中的人化自然的经典园林，怎么也是值十五块钱的。游园者在黄昏以后很久、闭园时间早就过了以后才成群结队地恋恋不舍地一起离开的情况,应该就是这种物有所值的一个证据。

15

小小的丽园公园

Liyuan Park

在世博园九号门外的不远处，蒙自东路与局门路交叉口的丽园公园，实际上是几条小马路交叉以后形成的一小块不规则的空地，基本上呈一种长方的形状。就是这么一片小小的空地，设计得却很精良，有适度隆起的土坡和不高不矮的灌木做了和旁边车水马龙的公路的间隔，中间稍微宽敞的地方则既有上海的公园里常见的大树，也有茸茸的草地。

这种格局一下就让人想起了汉堡西南的一个街心公园，不同的是那个德国的公园里有几个世纪前留下来的神话雕塑，是一个神人拉着几匹昂首挺胸的高头大马的巨大雕刻，还有喷水的装置。当然，那个公园里也有德国的公共场所里现在很是常见的垃圾与涂鸦。

所同者是丽园公园和那个汉堡的公园之上都是蔚蓝的天空和雪白的浮云。还有就是临水的城市里的那种没有尘土的状态，那种仿佛非为人扫而是来自天然的气候赐予的干净，也如出一辙。

公园不在大小，精致整洁之外，本身的历史积淀也是一种资源维度。只要长期保持下去，不轻易拆迁整改，尽量保持自己原始的风貌，只任植被渐渐粗壮，让时间本身来做日渐高大和丰腴的装点，就会不怒自威，让人肃然而有敬意。

丽园公园里的干净和在公园里慢慢地活动着的人们的服装的普遍干净，相辅相成，一起构成了这个欣欣向荣的东方都市里的积极景象。难得的是，在这样的小公园里，老人孩子们、相互簇拥着的男女们的态度，普遍也是平和而平静的，这在一个上海这样拥有两千万人口的中国城市里，是一种令人怡然的景象。城市人的平和与安静一般都是在公园里才能找得到的，他们被无处不在的焦灼烤炙着，只有在难得的某一个空隙里才会脱离开焦虑，才会有闲心在路边上的公园里坐上一坐。而这样好环境里的坐一坐，又正向循环地愈发增益了他们的好心情。

从最基本的城市空间与功效上说，它既是周边居民下楼走出弄堂的时候一个最近便的公园，也可以让一直紧张地走在路上的人终于有了一个可以坐下来歇一歇的地方，是道路中途的绿岛。

在地价和房价都高企的大城市里，还能在建筑与道路的缝隙里开辟出或者保留下这样一方尺寸之间的颐和之地，已经堪称不大不小的奇迹。这既是一个大城市——一个特大城市的自豪，也自然是现代人类栖居的一种普遍存在的现实。土地资源和自然资源都已经稀缺到了不容任何一点点立足之地空闲的程度；而更有难度的可能恰恰是一直保持下去，是让小小公园中的树木年轮以百年以上的目标一圈圈扩大。

16

更小的绍兴公园

Shaoxing Park

绍兴公园小到了连上海地图上都不标的程度，它只是绍兴路上一个没有一栋楼连着一栋楼地将空间都占满的，稍微闪开了一点的建筑空隙而已。不过里面的树木与坐椅还是很讲究的，枝叶掩映之间，自有一番婆娑之意。在上海，一年四季的常绿乔木可以为任何一个公园提供在北方人看来都是历史很长了的树木植被。

在这个小小的空间里，中间有一道大墙，大墙之先还有一道小墙，小墙需要拐个弯儿才能进去，大墙则在最里面隔出来一个厕所和一片林地。两道墙使本来就很小的空间有了一定的纵深，这是从江南园林里学来的在小处搞转折，以使人的观感里只有转折而忽视了大小不同的建筑格局安排。

小小的绍兴公园里既有健身路径，安装了不少的健身器械，也有竹林长椅，让老人们坐下来聊天打牌。带孩子的女人推着婴儿车慢慢地走，两个外国女孩则拿着可口可乐坐在靠着墙的一个长椅上喁喁而谈。这里的气氛是恬静的，与距离很近的瑞金医院里可以想见的烦躁与忧愁比起来，简直就是天堂。

这里距离著名的瑞金医院不远。

人在不生病的时候实际上就已经仿佛是活在天堂里了，不过谁也意识不到，只有生病以后回过身来才会清醒，才会意识到在哪怕是绍兴公园这样弹丸之地里走走坐坐，已经是生命中的珍贵与美好。

17

太平桥公园与新天地

Taipingqiao Park & The New World

新天地公园,有湖,或者说有水池临街;水中安装了喷泉,喷泉和水面与旁边的马路上的行人车辆之间没有墙壁或者篱笆的间隔,给人一种水中城市的错觉。借了这么小小的一片水,也能营造出这种非常高级的景观错觉来,算是设计者的成功了。这一片水,这一片原来叫做太平桥公园,现在叫做新天地公园的地方,实际上名气远远不如它西边的新天地那一片石库门的老建筑来得名气大。这也是迫使它改了名字的一个重要原因。

新天地的老建筑其实并不是很老,不过是二十世纪初叶的连排别墅而已。但是集中连片地被保存下来以后,过了一百年再看过去,也就有了一番别样的味道。当然之所以能保存这一片而不保存别的地方的石库门,也许主要是因为这里的特别意义——一大会址。其重要性不言而喻。

新天地的老房子集中的地方,两侧开的都是酒吧,椅子支在自家的店前路上,一摊一大片,这种完全西方式样的酒吧的价格表就用一个小黑板挂在自己这一片桌椅外的篱笆上,潦草的英语后面是任何语言的使用者都能看明白的价格:最便宜的一杯咖啡也是五十八元,再点上几片面包片的话就是二百三十八元，如果还敢喝上一杯酒的话，那每个人的花费就在三百以上了。

这个价格似乎使得能坐在里面伸直了腿望着街面上的人流聊天的人，大多是外国人，个别年轻人追着时尚坐到里面，东张西望难掩偶尔消费的时候的那种过分张扬与做作。他们中的一些人把坐到这里消费作为一种可以铭记悠久的高消费经历，作为一种互相标榜的坚定资本。也有女孩一个人坐在这样的地方看书的，或许有时她也思忖一下经过的游人。

以这样的方式参与到生活之中，自己也同时成为生活中的风景，看着风景的人也觉着不无美感，这至少已经是一种赏心悦目的形式感，是让生活美妙起来的诸多可能性中的一种。

沿着这样两侧遍布酒吧的大约三百米的步行街走到底，就是新式的大型商场一样的新天地电影院，海报上详细地列着时间和影片的名称——其实这都不是潜在的观众最关心的事情了——这里的票价，便宜的八十，贵的一百，反正来这里的人多数不是冲着电影本身来的，他们更在乎的是和谁一起看电影，和谁一起在黑暗中度过一段美妙的电影时间。

这样一片熙熙攘攘的"商业主义景象"里，这一片号称是新天地的"旧天地"中，有着理想和现实之间的某种张力，不论是时间跨度，还是林林总总的风云变幻，在这个场景之中，人们尤其容易展开思索。

现场展览本身更倾向于以历史资料和文物的实证态度来

看待那过去的一切，往往会在展品上方标出"国家一级文物""国家二级文物"之类的字样，在观看这些展品的时候，脚下堪称古老的木地板会发出嘎吱嘎吱的响声。这样的响声，大概也可以算是当年情状的一种也许无意的还原吧。在文物保护的同时，也在引导人们以一种历史的眼光、考证的眼光来看待这一切，这是博物馆、纪念馆通常的科学机制所决定的。

对于百年来一直在历史核心位置上的城市来说，要保护的建筑很多，设想都能以这样严谨科学的态度以待之，一定会让城市更其丰富，底蕴更其彰显。和植被丰茂的绿地一样，任何历史建筑也都可以被纳入公园的审美范畴。那就真正是将公园镶嵌到生活之中去的景象了。

18

北门外有一片法桐的淮海公园

Huaihai Park

和新天地游览区距离很近的淮海公园就完全是本地化了的老人与闲人活动的场所了。我进来的时候,正有演出:两个胳膊很粗的女人化着浓妆扭着也已经不细的身子在小小的空地上又唱又跳,沉醉在一种自己营造出来的舞台效果里。

这么说其实是多少有点苛刻的,不管什么身材的人都有权利舒展自己,而实际上周围人是很不少的,尽管基本上都是穿着灰灰蓝蓝的衣服的老人和闲人。这小小的公园里到处都是人,站着的,坐着的——每一把椅子,每一块石头上都坐满了人。所有的人的面孔,不管距离有多远,都无一例外地冲着有人唱歌跳舞的方向。

演出者正是在这样人人心向往之的状态里找到了演出的愉快,她们不卖票,她们只收获内心的愉快;她们的一招一式、一个高音、一个花腔、一个笑靥都充满了真心的愉快。她们甚至已经沉浸在自己的愉快里,完全不及其余。一辈子生活在拥挤人潮之中的小心和谨慎、收敛和不事张扬,现在都可以暂时放下,都可以尽情地如驰骋在草原上、如飞翔在蓝天里一般地陶然忘返了。

她们演唱的歌曲和扭转出来的舞蹈,都是她们年轻时候的记忆，或是献哈达，或是"亚克西呀，亚克西"，这是属于她们和她们的观众共同的生命刻痕。

年轻时代的回忆甚至是连年轻时代都没有能实现的理想，现在都蒙太奇般在自己走上舞台的这一刻尽情舒展。台下也许是熟人礼貌性的点头，也许是同时代人由衷的鼓掌，都让她们有回到曾经生命力蓬勃的过去的兴奋。这恰恰是舞台之所以吸引人的原始的纯粹驱动力：非经济原因，完全是心理满足的需要。从这个意义上说，这样露天的演出和观看就有着相当纯粹的原始舞台魅力，也成了众多公园文化中极其重要的组成部分。

淮海公园的北门外有一大片法桐，也就是上海人所说的悬铃木。它们显然曾经是属于这公园范围之内的东西，但是现在被隔到了公园的北墙之外，成了外面拥挤不堪的小十字路口边上的一处十分奇异的林子，数了数，几乎有四十棵大树，每棵大树的下面都围着一圈座位，人们可以在这里停留而不必担心妨碍别的行人，可以突然离开那上了路似乎就再没有地方停下脚步的窄窄街道，到这个林下空地上坐上一会儿。这样的坐一会儿的机会与场合，无疑是美的。这是城市设计者的匠心，尽管这种匠心并不是他自己的独创而很可能还是来自对外的借鉴，不过能应用到城市的格局布局中来，就是值得赞赏的了。因为这是在商业主义迅猛发展的时候，是在一片用墙隔开的习惯占据了绝对统治地位的土地上，是在很多事情都必须奉行利益原则的城市之中的美好行动。

19

有费德勒雕像和婚姻登记处的新虹桥中心花园

The New Hongqiao Center Garden

虹桥曾经是上海城市边缘上的老镇，如今细密的街巷里也依然有着过去的痕迹。上海中心城区的那种寸土寸金的状态虽然在这里也并没有根本性的改变，但是在这里的里弄深处已经开始有了不少居民的生活空间。

像任何一个中国城市中的小买卖人一样，他们就地拔着鸡毛刮着鱼鳞，蹲在自己一样两样三样四样的货品前，向一样处于他们的生活状态之中的人们兜售。穿越这样污水横流的狭窄小巷到了主街上，也不过是整洁了很多的狭窄，不变的是公共空间的最苛刻的压缩。在这样的几乎人人都舒展不开身体与脚步的狭窄里，虹桥新绿地公园就显得格外难能可贵了。虽然它很小，虽然它不过是被几条马路分隔出来的一块中间地带的空地。

很小很小的新虹桥中心花里有一圈环绕公园的水泥路径，让人意外的是路边居然有瑞士网球世界冠军费德勒的雕像——这大约是对上海网球公开赛的某种形式的纪念。对事件的纪念总归要归结到一个具体的形象上，这连续得了几次冠军的高大西人，就一点都不困难地被选择做了真人大小的永远雕塑，一直以挥拍的姿势在这里享受追慕者的对英雄豪杰般的景仰。

多少还让人有点惊讶的是，这条水泥路径边上有很多行走标志，在一个很小的圆周上每隔一段距离就标上一次数字，显示你已经走了多少步了，消耗了多少卡路里。这种量化是一种现代化的标志，但是因为路径太短，似有些过度的演绎，就像是幼儿园里的设施了。

同样让人感到意外的是，这公园的水里居然有四只黑天鹅，还有两只野鸭，显然不是野生的，但是毕竟是在散养着，与欧洲那种在野生状态里的水鸟们在外观上并无区别，也都不怕人。它们被熙熙攘攘的老人孩子围绕着，孩子去扑打那些行动迟缓的水鸟时候老人就赶紧拦阻，用幼儿园老师的口气讲解着保护动物的道理。

另一件让人觉着有意思的事情是，附近这个街区的婚姻登记处就开在了公园里，这倒是使婚姻登记这件事被很精心地照顾到了一种浪漫的味道。在国内通常的机构设置思维之外，这大约也是上海人独特的不拘一格了。当然也可能仅仅是因为别的地方实在没有办公之处了，并不是出于什么浪漫不浪漫的考虑。

在新虹桥中心花园里的高大茂盛的夹竹桃丛边的长椅上坐了一会儿，和别的长椅上坐着的人们一样，默默地坐了一会儿。侧目旁边的新墙，发现新修的地铁车站已又切掉了公园里的一块地方。拥挤狭窄的生态里的这仅有的一片人们可以展示精神、修养身体的所在，即使没有面对地铁车站这样理由强大的占地行为的时候,其实也无时不刻受着风驰电掣的车声与永无停歇的市声的侵扰,和真正的自然是没有可比性的,或许这也是大家都在公园里普遍沉默寡言的原因之一。然而,这的确是一种肯定,否则便也不会坐到这里来了。

20

钢筋铁骨的后工业生态景观公园

Post-Industrial Ecological Landscape Park

住在一天二十四小时都见不到一点阳光的高层里，好天的时候，会望着窗外远远的阳光兴叹；身上的阴凉，会随着在屋子里待的时间越长而越来越严重。这是一种从身体的最深处生长起来的阴凉，是一种身处永远不见天日的房间里而从环境中被感染的冷酷。

在市中心，在市中心的这样的高层建筑里，高昂的金钱消费和这消费给人带来的所谓享受，其实都是违逆自然人性的。它一方面让你终日伴随着下面滚滚的车声而不能稍有片刻的安静，另一方面又用自它被建筑出来就与日俱增的阴凉，浸泡你努力维持着的恒温的身体，使它逐渐为了保温而越来越吃力，逐渐丧失生命鲜活丰富的感受能力。

不过，上午十一点多的时候，竟然从对面高楼上的高高的玻璃上反射过来一片阳光，尽管这阳光照耀在沙发上的时候呈现出一种模糊的绿色，但是这毕竟是这房间里从来没有接受过的上天的恩赐，转折的恩赐！等我扑过去的时候，它随即就开始转移了，一瞬间就转移出了房间，从来到走，不超过两分钟！

这样在屋子里的感受，使我决定做一次远行。

相对市中心来说已经相当偏远的长江西路上,开始有市中心禁止通行的大型货车来来往往了。重型车辆地动山摇的频繁碾压,无论如何也不能让人体会到时代的脚步已经迈入"后工业"了。而后工业生态景观公园就位于这一片轰鸣中的钢铁巨兽奔来驰去的路边上。工业公园的构思当然来自国外,上海上百年以来的公园传统,一直是向西方看齐的。除了一个豫园还有些本地的江南园林的影子以外,它对外标榜的都是自己园林的西方色彩。一脉相承,在这样的造园思路下的工业公园,不过是一个最新的成果而已。

在德国萨尔布吕肯近郊的佛尔克林根的火车道边上,矗立着的高大丑陋的塔式的工业建筑,已经被命名为世界文化遗产了,它直接启发了将废物变园林的思路。上海的工业公园里呈现的就既有佛尔克林根那样的将整体的厂房水泥泵或者进料出料口之类的建筑直接视为"雕塑"而予以保留的样式,也有将粗糙的工业材料进行焊接扭转以后的工业雕塑:拉小提琴的人,走路的人,开会的桌椅板凳,甚至一朵巨大的花,一片钢筋铁骨的植被……工业雕塑的一个特点是随着时间和风雨而来的自然风化,锈迹斑斑的钢筋水泥和铁块铁皮构件,随着时间的推移而使雕塑本身更有时间感。

打着伞在初夏的雨中游览这免费的工业公园,始终是一个人,再没有见到第二个游览者。注意到进出大门的人和车实际上并不少,其中很多并非游览者,而是去旁边似乎已经出租了的厂房改成的写字间办公楼。

面对周围的现实，面对上海的现实，这公园多少是有点超前了，多少有一点并非根植于自己的土壤里的安排意味——当然这其实也就是最典型的上海味儿了。在接近吴淞口而远离市区的工业区里，在宽阔而路面上有一层挥之不去的锈迹的工业区的马路边上，这工业公园的风光能这样一直坚持下去，坚持到周围的工厂都搬迁了以后，也许才会迎来自己游人如织的时代吧。2010年的工业公园，还是矗立在市民之外的一个标本式的存在，还不是一个人们生活中习惯徜徉其间的所在。

这显然是有利于未来城市的发展，向着人们生活在公园里，而非如过去传统上那样专门到有公园的地方去逛一逛的普遍目标推进。

在这个下着雨、打着伞的工业公园里漫步的过程中，我很神奇地有了一种解脱感。这也许和眼前所见的工业构建的艺术造型没有什么直接关系，只是旅行的日子积累到一定程度的时候，自然产生的一种因为迥然不同的生活格式所出现的释然。

在上海的已经不能说是很短暂了的这一段生活里，没有了在家里长期生活所形成的那种被压迫感，那种不知来自何处，却又时时处处都存在着，且能被自己日甚一日地感觉得到的焦虑。

那是生活的烦琐与重复、生活中可能的不公以及问题的无解带来的愤怒与恐惧、担心与忧虑……在这样的异地他乡，在这样迥然的生存状态里,旧有的压力烟消云散了,回头去看的时候,甚至已经无论如何都难以真切地看清楚那到底是些什么!

自己的这个感觉和游览工业公园没有直接关系,但是却与对工业公园的印象直接叠加到了一起,形成了一种稳固的连带关系。这是仅仅属于个人的公园观感,不具有任何可重复的客观性,但是却在个人具体的生命感受里异常分明而醒目。

21

真如古镇及上海的小街道

Zhenru Ancient Town & Small Streets in Shanghai

沿着曹杨路向西站的方向走,刚刚过了淞江也就几乎没有什么市中心的特点了。和别的城市的区别不大了:马路变宽了,人也乱了,普通的谋生者、做小生意者、打工的年轻人,走得满街满道,他们携带着大包小裹,抗着货,拉着东西,递送着广告纸,高声吆喝着自己的生意,上海的精致和整洁变得遥远起来。

果品和鱼类的批发市场鳞次栉比,水沟边上收破烂的人正抬着一捆捆刚刚收回来的纸箱到里面浸泡,加了水分以后就加了重量,就能多卖钱。这个工作是在众目睽睽之下大规模地展开的,这么做的人毫无顾忌,看的人也视若无睹。

马路上很多地方还在施工,马路边上,曾经的厂区里因为正处于拆迁状态而一片荒凉。阳光越来越强烈,照射在亮亮的广玉兰的叶片上反着灼人的光芒,让人意识到这里是南方,是即使冬天刚过也会一下就露出夏天的面目的南方。

在一段便道正在整修的路上走着的时候,前面一对男女很招人眼目。无他,只因为那女人穿了短装。在这乍暖还寒的时候,这种在夏天司空见惯的景象就显得很新鲜了。路边上施工的人停下手里的活儿,先正面敢看不敢看地瞄一瞄,然后等他们一走过去就马上将目光移向她的背影。

背影远去,自己手上抹灰的活儿还得继续。在周围一片林立的高楼之间,这个小小的工地上零乱的砖头瓦块之间的戴着安全帽浑身是泥的男人们,互相打趣着重新工作起来,为了完成当天的任务,为了实现干活挣钱的目的,以汗水浸透衣衫的付出。

比照之下就会明白,外国人聚居的镇宁路那样的上海核心区域里的现代文明味道,实际上是靠着高昂的消费筑起来的金钱堤坝来维持着自己的优雅与"文明"的。2010年,两棵葱便已卖六块钱的物价壁垒将这样的地方和周围的区域画出了一条看不见的墙。它们是不靠看得见的壁垒,而只靠高消费保护着的无形的区域划分。某种意义上说,现在的城市现代化文明还是靠着这样的一些无形的壁垒来维持着的。在更为广大的区域里,在核心区域之外的广泛存在之中,因为人们的收入水平普遍不高,也因为人口众多而房租高昂,大多数人还都生活在一种与别的城市大致相同的生活水准里。

我那一天的目的地,是在地图上发现的真如古镇。

所谓真如古镇,在过去自然确是处古镇,现在在经过了天翻地覆的城市化发展以后,回过头来突然发现自己的优势了,于是有所复古:街道一头竖立起一个牌坊,街道上原来铺的沥青路面也都重新换成了石头,两边的店铺都保持着一种不上油漆的旧色;一家家的店铺的拥挤与热闹也都尽量去掉了洋味的整洁，而改回为国人传统的随意与随便。由此也让在上海的高楼大厦里走得小心翼翼人，突然就能放松下来……

真如古镇如果地处远离上海的地方，你专门去怀古的话，可能就实在乏善可陈了。正因为它就处在上海市区之内的地理位置，使其在迅速改变环境、缓解人们紧张神经的作用上因为近便而效果独特，很多人愿意来转一转，轻松地吃上点小吃，或者到有高塔耸立着的真如寺里去许个什么愿。如果你不愿意掏那门票的十块钱，而愿意获得一点更切实的更直截了当的安慰的话，可以就在庙前一个挨着一个的算命摊上为自己的未来方向尝试寻找灵感。

惹眼的是这些算命摊边上正站着一个穿着土黄色袈裟的出家人打扮的人，非常熟稔地与人说着什么。旁边停着的一辆面包车上大大的"慈善"两个字，引人注目。

真如古镇这样的地方，让我想到一个词："城市的背面"，也就是城市不那么光鲜亮丽的一面，或者是还处在整修状态之中的一面。我在上海寻找公园绿地的过程中，行经了很多这样属于城市的背面的小街道。

其中一次经过正在修建中的上海站的北广场附近，围挡隔板外面只留有一条窄窄的通道，人流汹涌，坑坑洼洼的通道上人挨人人挤人，没有谁再顾得上地面上遍布的泥迹了。与南广场尽力维持着的整洁与宽敞相比，北广场，准确地说是北广场的通道间上演着的似乎就是上海的另一种真实了。

小路边上支起的小炉子上正在炒一份菜，这份菜在被炒熟的过程中旁边至少走过了一千人。一个老人吃完了饭出来刷碗，一开门一关门之间可以看到他的小屋里的全貌，统共不足五平方米，除了一张床以外，就再无任何可以转寰的余地了，难怪要出来刷碗了。

离开火车站的区域，向着东北的方向走下去，中兴街周围的小街道里面，在高尚住宅区也就是高价住宅区已经被消灭掉的菜市场终于出现了，任何蔬菜水果都有，价格都比上海光鲜着的那一面要低很多。尤其是鱼市上的各种各样的海鱼，都不是冷冻的，而是鲜的！

有一个小摊位上只卖炖熟的鱼，旁边戳着一块牌子，上面写着鱼的不同部位的不同价格，头段多少钱，中段多少钱，尾段多少钱……这卖鱼的身边的一株玉兰花正在这并不是很晴朗的早春时节里盛开，旁边高大的冬青树显然是一冬天都没有落叶的，在一片绿色之中衬托得我头脑中那在北方通常都是在一片干枝丛中盛开的玉兰花有点怪异。

走出来一个买了两个西红柿的老人，不问价，也不说话。买的不说，卖的也不说，显然互相都深知这西红柿的价格，也都对于只买两个西红柿的事实习以为常。买了菜不做任何储存的打算，只是回去当顿吃的，甚至是把锅都架好了以后才抽身到外面来买的。

因为是早晨，身边走过不少端着便盆去路边的公厕的老人。

这条小街有着一个非常诗意的名字：天通庵路。这时候，路边上那些没有叶子的老泡桐树正把自己粗大的影子投射到地面上，投射到一个把尿盆临时放在马路上回身去小卖铺里买东西的老婆婆的身上。枝影横斜，时光清晰，繁忙匆促的人流之间的这一个画面却有一种亘古迟滞的凝固感。

这座庞大的城市，以自己的狭窄和拥挤，以自己随处都人山人海、车山车海，哪里都无处落脚的狭促，以自己的高物价和只属于上海的方言，客观上每一分每一秒都在做着使自己独一无二的不竭努力。任何一个想融入其中的人，只要有了相当数量的财富，过了那条高高在上的线，就可以安家落户，就自然地进入到了这道线的里边。只是，这样貌似简单的及格线是很难逾越的，就连世代居此的老人们，也不得不在日渐拥挤的建筑缝隙、人生缝隙里度过时光。

当然，这只是小街道上的一面，还有另一面。小街道，当年的街道可能也未必就小，只是现在这样被大街对比成了小街道，这样的小街道里经常会有些精致的别墅，那是过去的时光在这座百多年历史的人类聚居地留下的痕迹，如今被标上了优秀历史文化建筑的铭牌，算是一种保护，也算是一种静静地炫耀。而那些依旧被居住着的别墅，门口笔挺地站立着的穿着保安大衣的青年，更使这种炫耀多了一重味道——钱是可以换来服务的，是可以换来他人的时间的。

这样的小街道两侧一般都有着粗大的法桐，有一户户藏在高墙后面的独栋别墅、连排别墅、老房子。走在这样的街道上，很容易就能从记忆里把当年上海电影制片厂的电影《小街》中的景象给回想起来。那个不无虚幻的浪漫故事，特别符合这座城市日常生活景观中时时刻刻都带着的那么一些"矫情"的意思。连这种过分的干净本身似乎都不大真实，而是做出来故意让谁看的。然而事实上它们当然是日常保洁的效果，却又并不是特意做出来让谁看的，而确确实实是一种近乎自然的景观了。可是为什么就会给人一种难以抹去的矫情的感觉呢？大致上还是因为与其他城市对比着、与本城某些远远达不到这样的水准的地方对比着的时候，所形成的巨大反差吧。

正是因为这样的对比，使上海在相当长的时间里都让其他地方的眼光情绪复杂。上海的精致因为有着比较悠久的历史了——那些最初由西方人带来的习惯与穿着用度，已经较早地融入到了一代代人的生活中。大家至少在外表上、在环境意义上，已经形成了干净精致的共识与一致追求。但是一遇到事情，一遇到与利益有关的问题，还是会有相当一些人会表现出狭隘与不宽容等等非文明的弱点。也正是因为这一点，他们自认为的先进与文明往往既让人心向往之，又在一定程度上不被别处的人们认可，不以他们为楷模甚至还要嘲笑他们一下。说他们表里不一，至多只是做了一些表面文章而已。

不过当你处身上海的狭窄街道上的时候，这种表面上的文明与先进从观赏的角度上来说，自然是称得上赏心悦目的。

某种程度上，那种因为要撑着点劲儿学现代文明的样子而在客观上形成的自觉遵守秩序后所体现出来的和谐状态，也让没有太深的生活纠葛的普通人能获得比之在其他发展得不够好的地方好得多的感受。这是事实，也是上海的一种持久魅力：它一直是开向世界的窗口，是几乎与世界同步的现代文明的时尚引领者。

上海小街道中的这种狭窄而整洁的景观，很容易让人想到日本，连这街道上行走着的一些衣着干净而脸上没有表情的男女们，也在某个瞬间里像了那些隔海的邻居。不知道这般想象有无依凭，猜想也许是类似的气候条件导致，也或许和经济文化发展的某种趋同性若有关联。

其实不只是小街道里人多地少，整个上海都给不少人这种狭促而无法舒展的感觉。开阔的地方不是江就是海，都是人类暂时无法建筑的所在。因为人多地少，从围墙栅栏望过去，可以看见小学校的跑道就是学校里的最主要的通道，虽然铺设了红色的塑胶，画上了白色的跑道线，但是无论如何也是没有空间让跑道绕上一圈的，只能是上课的时候进行来回跑了。

很多街道都因为过于狭窄而变成了单行道。从一个地方到另一个地方，开车或坐公共汽车往往都不能沿着最近的直线前进，都会因为单行线而不得不去绕圈子。即使是骑自行车的，也常会因为街口上竖立着的自行车禁行标志而不得不推着车子走更其狭窄的人行便道。

在这些小街道上（所谓小仅仅是就街道的宽窄来说的，与长度无关，很多小街道的长度都是可以贯穿整个区域的），骑着警用摩托车来回巡逻着，给占道停着的汽车贴罚款单的警察，就成为一种日常所见。常是走在小街上时，发现有警察正在贴罚单，或者是刚刚贴了罚单正在离开。在没有车的人眼里，这是与自己没有关系的事情，不过心底里还是会替那一会儿过来开车的人想象一下发现自己的车被贴了条的心情的。

这个夜色刚刚降临的时刻，就有一位警察在大剧院门口的小街上给违停的车贴罚单，正好有一群去看话剧的年轻人从他身边走过，有人调侃而不失尊敬地和他开了个玩笑，那群年轻人就都跟着哄笑起来。

这位警察似乎心情还不错，能感觉到那群年轻人的善意甚至是小心，所以在稍微停顿了一下，以此显示了自己的威严以后，就用最纯正的上海话回了几句。不过这时候年轻人都已经一边回着头一边走出去一段距离了。

能和权力在握的警察开上玩笑那是很荣幸的事情，说话的人"人多势众"地凑趣，而他也正常回话，说明大家在此情此景之下，心情都不错。警察心情不错也许是在繁忙之中忽然出现了许多青春面容；年轻人心情不错，则是因为正走在去看话剧的路上，一个诱人的夜晚正在徐徐展开。

也许，话剧并非真的就那么好看，大多数的年轻人们也并非真的就喜欢看话剧，他们之所以成群结队地去看话剧，不过是可以有一个男男女女一起进行夜生活的机会而已。夜里约上心仪的女同学去看高雅的话剧，一边走一边聊，甚至是一边看一边聊，买买零食，一起评论评论，凑着趣和着舞台上的音乐与高潮一起鼓鼓掌或喝喝彩，就成了一种时尚，虽然表面上的观剧需要也许并不太真实，但是骨子里的交际需要、心理需要，却是千真万确的。

可以想见，许多地方表面上已经和国际接轨了，但与真正的生活品质的存在着差距：很多事情都还停留在形式感的层次上，而远远没有达到表里如一的真实的自我自然呈现的水准。在那样的层次上，一切的外在的虚假都会被逐渐抛弃，都会最终听命于自己内心的真实的呼唤，而不再被为了舆论、为了他人如何如何的普遍话语力量所左右。

这时候，一个女人用自行车推着一大车子花来售卖，她在街道上趔趄地走着，时时要失去平衡的负重使她举步维艰。她用全身的力量倾斜着支撑着自行车的姿态，无比真实，真实到不容有任何一点点松懈的程度。她可能不是直接去一支支卖花的人，而是一个流动的批发者，一个有着众多下家的小批发商。

那些活跃在话剧院和咖啡馆周围的一线卖花人，手里拿着一把花，一次次地迎着情侣而去，一点一点地和买花人商量着价格，不遗余力地要做成每一单生意。每卖出去一次就会返回到这位推车的卖花女人身边来再拿货，直到夜色已深。

最具体的一线卖花者身上总是会让买花人多少体会到一

点高高在上的享受的,这是这种非生活必须消费品之所以能长期存在下来的一种心理根据;可能对于这座城市来说,另一个根据就是这属于西方的传统,是外国人的生活方式中的重要一项。

不管是卖花的人、卖菜的人还是修鞋修表的人,这些公开将自己的谋生之状表现在街面上的人,在这样互相之间的生活状态拉得很开的大城市里,刚开始都是需要相当的勇气与毅力的,直到其成为日复一日的习惯。因为生活在这样的地方的人,总是有一种自觉不自觉地要尽力掩饰的倾向,掩饰自己或多或少可以追溯的需谋生的一面,他们会在任一场合里保持自己从衣着到谈吐中的不为谋生而只为享受生活的品质。

22

游人必至的豫园

Yu Garden

源于明代的私家园林豫园,经历了建园主人不遗余力地修建与登峰造极的文人往还、唱戏听曲的享乐之后,在历史的跌宕起伏中很快就荒废破败了。不同的主人一次次重修,又一次次破败,清朝重修,小刀会把这里作为指挥所,近代商业将这里瓜分成不同的行会驻地;好不容易稳定下来作为国家财产进行了彻底的大修之后,又遭遇过一次最大的破坏。二十世纪八十年代开始再次重修以后才逐渐形成了旅游景点意义上的辉煌。

园林是古人讴歌天人关系,将人类在大地上的诗意栖居发挥到了极致的感受、表达、作品和遗存。在今天被只讲对人自己的实用性完全不及其余的高楼大厦淹没一切,而自然环境也迥非旧貌的情状之下,某种意义上,仿佛只见躯壳,成了没有环境衬托的标本了。

因为身处闹市,古人建园的静雅在今人的浮躁之气中已经难以被全部细致地接纳,乃至全部不被接纳。周围高楼林立又商业店铺鳞次栉比的气氛之中,它成了不折不扣的大众经济消费之地。和一般的公园相比,它要买票,而且面积很有限。所以基本上都是外地游客在转,少有本埠长期定居的人来此盘桓游玩。这是它和其他公园不一样的地方。尽管一直不乏沿着江边游览的人,会因为这一片在城市的钢筋水泥之中的绿树荫郁而穿过江边公园寻觅而至。

对于外来的旅游者来说,除了外滩和电视塔之外,豫园几乎也是一处必到的景点。在对上海这样国内最大的现代化城市的诸多想象中,应该没有多少关于它的古迹的内容,而事实上豫园也面对着过分密集的商业开发,如果还将其算作一处古迹或者一个公园,都已经很是勉强。

在南京路摩肩接踵、联袂成云,不得不用绳子拦住人流而搞阶段性放行的繁华,和黄浦江两岸标志性的高楼大厦景观对比下,陷于周围高楼大厦的包围中的红墙绿瓦、翘角飞檐的豫园,其古典的江南园林院落在人们印象中的上海,已经算是异数。少有人能在这里拿出在苏州转园林的时候的那种预备好了的耐心,往往是一走一转,匆匆而过。然后就是买买东西,吃点小吃吧。

在附近一家很有名的小吃广场,拿了托盘自己走进选餐区,明码标价出口结账,一切都是现代进餐格式的卫生、科学与文明而已。当然,价格是与这现代化大都市的气氛相适应的。标价14元的生煎包,端走一盘去算帐,到餐桌边吃上了,一琢磨,不对啊,怎么这盘生煎包28元,多收了14元?

找回去,人家收银员像是早有预料一样很熟练也很不以为然地说:"14是四个,你一盘几个?"

果然,重新回到选餐区,再看那牌子后面确实写着14

元四个,不过"四个"两字写得很小。关键还不是字小,而是装好盘的没有装四个的,每个盘子都是八个。商家只是利用了顾客的以盘计价的思维惯势而已。当然,这样的做法,一般来说只在面对以本地游客为主体的顾客群的时候才有效。对于外地游客来说,还有谁已经来过一次了,还要再来一次呢?

公园作为城市中的净土,不单纯是因为它比城市里别的地方有更多的植被和水域,更多的山丘和花朵,同样重要的是它基本上没有商业气息。即使有些必要的辅助性商业,经营也都是细水长流型的,不会竭泽而渔,搞一锤子买卖。因为面对的顾客都是常来常往的老主顾,都是公园周边为主的本埠居民。

这是公园和景点之间的重要区别之一。其性质的差异和服务对象的差异,决定了气氛上的迥然。旅游者被另眼相加即使一再为旅游管理部门所打击,在现实中却总是顽固地存在。只能是旅游者自求多福,谨慎小心……

23

后滩公园和世博会

Back Beach Park @ The World Exposition

黄浦江的后滩公园和世博会的园区在一起。与世博会一处处没有树木花草的建筑相比,这临江的公园里花木扶疏,石阶木廊干净整洁。凭水而立,面对浩浩荡荡的黄浦江,面对江上无声无息地来来往往的巨大轮船或者平底儿货船,面对河边芦苇丛处的水泥柱头上垂着尾巴立着的白色水鸟,赏心悦目的享受和逝者如斯式的感叹都会自然而然地到来。

一座城市有一条活水大河经过,就为造景留下了无穷的可能性。与喧嚣的世博展览比起来,这里倒是一个颇可流连的地方。可惜大多数游客是无暇来此观赏的,别说观赏,让他们离开过分拥挤的人群多走几步到这里来吃饭休息,他们也是不肯的。他们花了钱,花了钱要物有所值,要抓紧时间排队,要多看几个馆。尽管早已经累得面无表情,累得情绪恶劣,累得走不动路喘不上气来了。

从一定意义上来说,世博会也是一个公园,一个世界性的临时公园,有期限,有门票,由全世界各个国家共同参与……

各国展馆,有认真如德国瑞士的,也有潦草如英美的,不过只有马里共和国展馆似乎是最了解世博"真谛"的:这里除了排队、敲章以外，就一无所有了。所有的墙上都是空空如也的，没有文字，更没有图片或者影像了。那个敲章的黑肤色的女人也是一幅面无表情的样子——一个面无表情的女人坐在空无一物的空房子前面给人不停地盖章，这就是世博会被抽象出来的漫画形象了。

刻薄的说法是，世博会只适合儿童或者与儿童水平相当的人游览。而现实情况是，许多成年人普遍都受了舆论宣传的影响甚至是直接鼓动，在舆情的操纵下，千里迢迢地赶来，忍受着拥挤不堪的交通，忍受着高房价高物价，忍受着从一上地铁就开始的因为普遍的跃跃欲试和争先恐后而来的躁动与不安，上车下车都像是在打仗，像是在争人类末日之前最后一点点资源。

此后是漫长的排队安检，经过疯狂地奔跑以后，站在各个馆前就开始了更加漫长的排队。买了票，但是还要预约。一道道手续，既是控制人流量的需要，也总让人觉着还为了增加世博的独特性与价值。

当这一切的一切终于在忍耐中一一坚持下来以后，人们所看到的却不过是些文字图片和录像而已，有的馆里有些小儿科的装置或者不小儿科的雕塑，已属难能可贵。像德国那样有光电一体的大球，或者瑞士那样有货真价实的缆车的馆，都属于凤毛麟角，那些地方也许就是人们趋之若鹜宁愿排上几个小时也觉着不冤的几个地方。

走进任何一个馆里面，其实都是大同小异的。因被已知的信息鼓舞着而寄予了太多的想象与期许,结果与那梦想之间的距离稍显悬殊,使一些游客产生了物有不值的失望甚至不满。而那些不作此想的人们,留下的印象也大多都是漫长的等待和不能停留的匆匆而过的纷纭,当然还有热浪滚滚的上海盛夏里与全世界各地聚集在此的人们并肩而行的印象。

世博开了,外国人集中地来了,大家一起工作,一起工作八个月,然后分开,世博结束了。这种骤然而来骤然而去的生活,这种以地球为村,以世界各地的来来去去为自己的生活方式的正常流转的生活样式,是现代的,是国际化的。虽然说,对其中之人来说,聚散只是日常的正常,但是很多人之间却也基本上不会再见了。每次聚集其实都会造就一些亲密关系乃至情侣,有些人就此永远走到了一起。这样看这种生活方式的时候,也就不无诗意了。

一位有华裔血统的雇员,还有另外一个汉语很不错的人总会站在瑞士馆后面的小门口,拿着喇叭广播:"瑞士馆没有绿色通道,不优惠老人和残疾人……"有人来电话,说他们老总要来,要求走 VIP 通道,也就是绿色通道。他回答说:"你们的老总对你来说也许很重要,但是对我们来说没有那么重要。而且明天要来,今天才约,那是不行的。"

他找了一个日本女朋友,所以对日本人的额外要求一般都答应。又因为其父是印尼华侨,所以对印尼人的要求也都答应。一次他的一个同事没有答应一个日本人的请求,他知道了很吃惊,问为什么。回答说,对方刚刚拒绝了一个瑞士参议员去参观的请求,而日本人之所以拒绝瑞士人,是因为头一天晚上在旅馆里瑞士人开PARTY欢送一个同事回国,楼下的日本人找上来大发雷霆,瑞士馆的馆长道歉也不依不饶。

瑞士馆中要修建一个缆车,就请来了瑞士山中的那些常年修建和维护缆车的工人。这些工人从来没有出过国,常年在大山之上沉默地工作,尽管提前半年就被派到了马耳他去学习英语了,但是一到上海还是感觉两眼发直、不知所措,出去就会迷路,就很难再自己回来了。

因为到了上海以后外界的环境过于繁华,以至于他们中的很多很多人,几乎就是集体都忘记了签证到期不到期的问题。等有人终于发现了的时候,签证时期已经过去两周了。按照规定是要每过期一天罚款500元的,这么多人,这么多天,就成了一笔相当不小的数目。这大约可以算是世博会举办国的一个"额外收入"了。其实只要把人招来,就总会有额外收入的,在每次举行大型的国际活动的争取主办权的事情背后,都包括对这种额内额外的收入的渴望。

在浦东,骑车离开世博园的位置继续向南走,用不了一刻钟,就可以到达三林镇。如果能立在三林镇的高处,相信就还能望见世博会中最为高大的中国馆的红顶子,然而就是在这一目之遥的地方,已经与世博会及其周围所展示出来的新面貌有了天壤之别。三林镇像中国绝大多数乡村一样混乱而繁荣,拥挤的马路边上是低矮的民房,大量的店铺和摊位拥挤在马路边上,买什么都有,卖什么都能。物价不足世博园周围的十分之一,而卫生条件则达不到那里的百分之一了。三林镇可以视为世博会的背景的一部分。

三林镇已经完全是城乡结合部的景致了,与全国各地的城乡结合部没有什么区别。

三林镇里的相对随意与混乱,使生活在这里的人们行动坐卧似都有着毫无限制的自由,哪里哪里都可以随便摆摊,随时随地都可以站下来揽着孩子说话,没有繁忙的交通更没有穿着整齐的路人的匆匆脚步。沿着街道两溜店铺,高高矮矮,做什么生意的都有。卖馒头的和搞电气焊的是邻居;挂着猪肉的案子和一米宽的超市门脸簇拥在一起;而美容店的大玻璃门、大落地玻璃窗户都是透明的,里面显然是开着空调,清凉着装的女人坐在里面,近乎活广告。奇妙的是,在这里,大家相安无事,人人都活得有条不紊、游刃有余。

24

嘉定秋霞圃
Qiuxiapu Garden

2010年多次到上海,最后一次已经是北方的深秋时节。

从火车上可以看到,冷雾笼罩着的北方秋野的景象,实际上过了南京的时候才逐渐结束。能保持着一种比较干净湿润而又相对气温恒定的状态的地方,只在上海核心区域及其周围一片不是很大的范围内。这种气候上的特殊与那一块地方经济上的繁荣之间似乎有着互为因果的关系,因为气候比较好而使人们聚居,因为人们聚居而使经济逐渐发达,而经济发达到一定程度以后文明或者政治的需要又使人们能拿出一定的金钱和精力来关注环境……

南方的秋天有桂花飘香,有不冷不热、不干不湿的舒适。上海有比北方长得多的秋天,也就是说温度能在一个相对适宜的状态里持续长得多的时间,不像北方的秋天,人们刚刚在收割净尽的开阔里享受了三天两天的秋高气爽,北风一来,太阳隐去,一下就到了得缩着脖子的冬天了。

北方人的江南情结,看到小桥流水、油菜花开就春心荡漾,认为在北方天气越来越干旱,人心越来越复杂的背景里,诗境存之的地方惟有江南了。天真地以为生活在江南的江南人天生都是诗情画意的,岂不知在江南,和诗人一样和能体会到生活中的哪怕偶尔的诗境的人其实并不比北方人更多。在整个长江三角洲都已经被房子给盖满了的情况下，任何诗意的追寻大约都需要城市与乡村之间那些偶尔的缝隙里去仔细寻找了，而独具只眼的，除了钟灵毓秀的本地人外，也就是有江南情结的北方人了。

北方人来到南方，一定要看的自然是江南园林。

江南园林是古人用建筑与环境进行的贴合，以及在这一贴合基础上的建筑材料、手工工艺与技术设计、施工技巧、文化意象表现等方面都臻于最大可能性的杰作。它们是这片土地上此前此后的人类建筑与环境一致着，并且互相讴歌着的顶峰。

如果在被命名为世界文化遗产的苏州园林的游人如织里，感觉不能很好地体会这些园林既往的寂静宽纳之美的话，那么像嘉定的秋霞圃这样的地方就是容人慢慢细品江南园林之美的最佳选择了。在几乎没有其他游人在场的情形下，可以在这里从容欣赏，悠然体会：细致而紧凑的造景、借景密集地在方寸之地里展开，一步一景，每一个角度都容人琢磨和观赏，远近高低都是画面性的存在，任何一棵树、一丛灌木、一片石头、一方天井、一个门洞、一段墙头、一朵花、一片落叶、一泓水，都是用现实之物构成鲜活画面的重要要素；它们像是绘画大师手里的颜色和线条，像是应用最先进的 3D 技术将画面三维化以后让人可以直接走进去的玄妙之境……

转江南园林的首要条件是从容心态,是时间上的绝对宽裕。最好是一天至少半天只转一个看起来不大的园子,就算每一个角落都走到了也还要从另外的角度再走走,从每个角度都走遍了,也还是要找那些最佳的位置坐下来,坐定了慢慢体会。

看资料说,在度过了最初的私家园林性质的高墙里的封闭状态之后,这里在很长的历史时期里都是大众喝茶、看戏、逛街、游玩的所在,是又像公园又像市场的地方,一片繁华。当年那些每天都来盘桓不去的人们,用看得见的、互相都能接受的方式,其实达成的都只是在这个园子里、置身于此这件事本身。因为在这样的地方多待一分钟,就多享受一分钟,不管是在做什么吧。

秋霞圃在嘉定,"嘉定三屠"的那个嘉定。江南富庶之地,兵家必争之地,也是大的历史关头屡屡的百姓涂炭之地。不过,每次生灵涂炭之后,都能顽强地恢复生机,后代的人们都能再次过上于江南园林中徜徉坐卧的旧日生活。就连秋霞圃本身也在被毁之后重建、重建之后被毁的轮回里终于保持了下来。

现在的秋霞圃是一个由城隍庙与几个大户人家的园林合并起来的公园。其间,建筑与古树花木结合得异常美妙,关键是不像苏州园林那么多人,我来的时候甚至几乎没有什么游人,票也便宜,2010年的票价只有十元。

欣赏园林,最忌讳的是时间紧迫,然后就是游人众多。

没有这两个东西干扰,那园林就有了归属感:仿佛它是属于你的,属于游览状态中的你的;你在一个又一个角度上或站或坐地观赏着的时候,就能够比较从容地产生仿佛是在自己家里的美好幻觉了。

看园林的从容心态是至为重要的,不能赶时间。园林中也不能人太多。据这些条件判断,苏州园林并非最佳选择,嘉定秋霞圃实为上选也。在这里,每一个角度都是可以驻足凝视很长很长时间,每走几步就可以获得一个完全不一样的画面。

一只猫在这园林中转来转去,或快或慢,脚步之中有一种传递自遥远的古代般的灵秀与狡黠。它刚刚走过的这幅对联,就又质朴无华又诗意盎然:

红藕香中一角雕栏临水出
绿杨荫里几双蠟屐过桥来

前面这栋建筑则叫做数雨斋。好环境之上有个好名字,好名字本身就已经是对好环境的喟叹。这里是听小娟的歌的好地方,那舒缓悠然的节奏与韵律好像就是为眼前的景象谱写的,不管有没有雨都很适合。

假山上的大树,树龄都有上百年了。当年挖地开湖挖出来的土,已经可以说是真山了。山是真山,树是大树,这样的山与树的关系状态是开园的人当年无福消受的。这是留给后人的,可惜后世在快速发展的同时,也逐渐让能欣赏这种存在的心态变得稀有。这自然也是创园者始料不及的。

树木与建筑的绝妙结合,是中国园林的最妙处;而当时间为这种结合抹上数百年的年轮以后,树与建筑的关系就成了这园林中绝对不可或缺的共生性的存在了。这种存在有生命,有脉搏,像是一个人面孔上的五官之间的固定关系之外的一点点个人的特点,让人看一眼就认识,就知道那是谁。

有联云:

四面围峦大地烟云此独静
十年树木洛阳花草兴园春

正此之谓也。

秋霞圃中的细节,建筑与草木之间的关系,只有在凝视了很久以后,只有在各个角度都待上了一段时间以后,才会在头脑里留下深刻的印象。因为画面感强烈的场景很多,闪接太快的话,目不暇接,亟需稳定下来,静一静,再静一静。

25

南翔古猗园

Guyi Garden

在一个北方人看来，南方的秋天都是甜蜜的。悲秋的情绪在南方是很难产生的，桂花飘香，果实累累，不落叶的乔木很多，常绿的草更多，多到和夏天没有什么区别的程度。

虽然北方的秋天也有其自身无可替代的特点：在那样一年将尽，季节收关，万物敛藏的美中，可生无限哲思。

南方的秋天是柔和而温暖的，绿色很多，多到和夏天混同的程度。北方的黄叶和红叶基本上是见不到的，北方的辽阔与萧疏自然也没有。在南方舒适的秋天里，十分让人怀念北方的秋天——只有在这样的对比中才让人意识到北方秋天里的凄凉，实在也是一种难得的美啊！这就是旅行与对比的意义，不仅可以收获异地地的新鲜，还可以因为对比而意识到一向被自己忽略的长居之地的美。

不过，十月的上海，十月的南方，有的只是比夏天更舒适的适宜气候，而断断没有北方这个季节里那种一日比一日肃杀的寒冷和凄凉。叶子依旧绿着，没有一点点要黄的意思，依然是没有风沙，更没有西北风，穿衣可以长时间维持着单衣单裤的状态。这就是在寒凉的季节里上海这个地方在气候上的优势。一些有条件的人之所以讲究在冬天的时候从北京回上海过冬，除去他们的家乡观念之外，就是这种秋冬季节里不同于北方的凛冽的舒适的缘故了。

作为初来乍到的人，其实是将整个江南都作为一种风景来对待的。到不到旅游点和公园都已经是到了江南。只不过因为多年来的全国近乎统一的城市化过程之后，单单从一个城市的外在街道上已经很难将一个地方和另一个地方区分开，还是需要到这个地方的地图上标为绿色的公园绿地走一走，才会在植物多样性与身处植物多样性中的人们身上看到某种异样。

从南翔地铁口出来，外面是一片空旷，是与上海比起来的空旷。这些土地并未经过精细化地利用起来的那种普遍做法，这在上海亦是不多见的空旷。在这样的空旷里自然也就没有了上海的拥挤，可是上海的秩序也就同时失去了。摩托车直接冲上便道，沿街的店面也完全随意地向着路面上泼洒着用过的水。

好在这源于白鹤南翔以及白鹤南翔寺的南翔，正在于自己名称由来最相符合的季节里。

古猗园12元的门票说明其定位游客基本上都是本地人，最多是上海来的人而已，还没有把自己看成是全国闻名全世界都知道的游览之处。不过这个在南方或者还可以归入一个普通的传统园林的地方，在北方人看来，实际上是和苏州那些作为世界文化遗产而卖票到几十几百的园林没有太大的区别的，如果硬要找区别，那就是比那里人少，比那里更能从容地漫步。

古猗园里荡漾着的桂花幽香实际上从远远的大街上就已经可以闻到了，那有可能是从古猗园里飘出去的，也更有可能就是街边上的桂花树就近释放的。在这个季节，整个南方都弥漫在这样甜腻腻的桂花味道里。

从一个长期生活在北方的人的眼光来看，古猗园中的特别之处一如既往是南方园林的如儿童过家家般的精巧构思，是它的水榭歌台、山池小径、古木大树，是它几步一景、景景不同。当然还有我平生第一次见到的一棵木瓜树，那么一棵类似枣树的干巴树干中的茂密的小叶子里居然就挂着几个青青的木瓜，几个一直以来自己都是在超市的柜台上见到的木瓜。

木瓜的果实并不是我们想象中的下垂的姿势，而是一种稍微向上翘起的样子。那是生命使然的一种挺立的姿态。将一种果实对应到了它所从来之的母树上的喜悦，是孩子式的，那是对自然的秩序进行了个人意义上的发现与确认以后的喜悦。一般来说，在成年后这种喜悦就烟消云散了。大约只有这样，在北方到南方的遥远对比之中，它才会间或有些重现的可能吧。有幸的是，自己在古猗园的木瓜树下，重拾了这种儿童般的快乐。尽管后来知道北方吃到的木瓜，和这样的木瓜虽然都叫木瓜，但是并非同一品种。

正在成熟的果实不仅有木瓜还有银杏。其时，正有很多果实啪啪地从高大的银杏树下密集地落下了。暗黄色的银杏果有的直接摔烂，有的被踩烂了，散发出一股浓重的药味儿。这样的声响和味道先让人看地面，又很自然地会让人仰望高高的树冠，望见在秋天的灿烂里银杏树高高的树冠上密密麻麻的银杏果和摇摇摆摆的银杏叶所构成的天空中的世界。

银杏树下的茶馆生意兴隆，几乎每一张桌边都已经坐着喝茶的人了。不是说有这么多人都已经渴了，仅仅是此境此景，只有坐在这里喝茶才是最般配的。这种判断与实践是自古而然的，是经历了一代代人以后依然没有改变的。茶实际上是对风景的讴歌，是人们不必真正演唱而用实际行动与周边环境融合的方式。不论是本地熟客还是外来的旅游者，不论是慕名而至还是偶然进来转转的人，在这样舒舒服服地坐下来享受着江南的秋色的时候，都会感觉到自己的生命在季节中恰如其分地流淌的不胜之美。

于是在临水的茶室里，吃上著名的上海城隍庙小笼的发源地南翔的南翔小笼，而要吃小笼一定要点茶，否则不卖。这种经营方针似乎是在卖茶，是在防止游人只买了小笼提着走，便少了茶水消费；不过好像还有层意思，就是只有在这水边坐定了边吃边喝才是最传统的也肯定是最佳的传统方式，才能更好地领略古猗园之美。

南方人普遍都已经形成了这种自然而然地坐在水边上喝茶的习惯，不是北方茶室那样的高消费，而是一种普通消费。所以其关键不在吃什么喝什么，而只在于此环境中坐下，慢慢度过时光。

这样也就鼓励了我们在每一个有椅子的地方都坐一坐。移步换景，尽量在园林中获得更多的观赏角度。

南翔的老街道上游人如织，因为街道很窄，只要有些人从不同方向一起走，就显得很不宽裕了。沿街的店铺买卖声不绝于耳，抡大锤砸糖的表演和销售是一体的，花花绿绿的纪念品的档口前年轻人聚集着，不过总的来说还不失清幽，与上海市区内的那种摩肩接踵连带着也就心里发紧之状迥然不同。这是上海郊区的优势，也是城市里的人愿意到有一定距离但是又不是很远的郊区来玩的重要原因。

南翔当时还没有高铁，虽然高铁站（城际铁路站）已经修好了，但是还没有开通运营。如果坐上高铁，就比坐地铁快多了。在去高铁站一探究竟的时候，路上遇到一个学生。他也是要返回上海市区的，对于高铁开通与否也是抱着去看看的心态，说开通不开通之间，就在这一两天了。

高铁虽然当天没有开通，但是在汽车站坐车还是很方便的。始发的车和到达的车川流不息。这里是上海的一部分，是整个上海交通网络中的一个点。行政区划的一致让看起来偏远的过去的郊县也已具有了城市的，至少是卫星城的管理状态。那学生的自信和乐观之中隐隐地可以感到的某种自豪、某种前程已经展开，只待自己迈开步子去走的惬意，他的意气与态度和古猗园意气，都给人留下了关于南翔的深深印象。

吴淞口炮台湾公园

真如古镇

真如古镇

七宝古镇

七宝古镇

世博园

世博园

世博园

古猗园

古猗园

莘庄公园（摄于公园历史介绍壁画）

1930年松江县泗泾镇人氏杨昌言在莘莊镇西临水河

建园．取名莘野梅园．俗称杨家花园

蔦垣和曲廊285m² 為廊榭組合，苑東廊磚木結構
建苑門，北端接水榭為長方形，磚木結構

南虹港观机长廊

26

住在新场古镇

Xinchang Ancient Town

对于城市来说,在汽车时代,如果把远郊的古镇作为一种大公园式的存在,已经未为不可。事实上,人们在不知不觉中已经在以游览公园式的心态去这些古镇做假日游览了。

当然,坐地铁的话,那旅途虽然漫长也会省心很多。

在地铁里,人们的表情都很漠然。除了闭着眼的睡觉者和假装睡觉者之外,余下的人往往不是专注地看手机,就是专注地盯着窗外,哪怕窗外只是黑洞洞的墙壁和进站才会有的亮彩的广告。大家互相尽量避开目光;多数人不苟言笑,尽管同时总还是有少数人旁若无人地、高声大嗓滔滔不绝。

这是公共场合的常态,秩序与文明的光辉有时候能照耀到,有时候不能。自我约束的认知很多时候并不自知,很多时候又会一变而为另一种意义上的如入无人之境,好像自己正在虚空里,周围不是同类,自己也不是他们之中的一员。

这时候,站在车门边的一个女子的哭泣之声,引起了很多人的注意。她的哭声不大,是压抑着但是又压抑不住的那种破裂而出的声音。无人说无法说的委屈、痛苦和无助,在这样的哭声里嘤嘤地流淌着。很多人都注意到了她在哭,很多人都将自己的目光掠过她正在哭的脸,掠过一次,又掠过一次，每一次都若无其事，都用没有看见一样的平常来掩饰着对她的注意。

在地铁这样的公共场合里，不去看一个哭泣着的人，或许是对哭泣者最大的尊重。这样的尊重里也许还蕴含着不必言说的同情，还蕴含着感同身受的自怜。

她一直在哭，周围的人一直在沉默。车轮在呼啸，报站的声音像机器一样刻板而漠然。那是人类成功地模拟了机器，模拟了机器的声音，也模拟了机器的不为感情伤害的刚强。

一个成年人，一个刚刚踏入成年的年轻人，在面对自己无论如何也解不开的结的时候，在遭受了完全在自己的意料之外的打击之后，本能地回到过去，回到有父母呵护着的时候的状态，用哭来表达，用哭来倾诉，用哭来释放，用哭来祈求。这样的景象，出现在一个千万人口的超级都市的一辆连结遥远的郊区倒几次车才能最终抵达市里的地铁车厢里。无论是声音的强度还是事件的烈度，都微乎其微，都可以被运转着的时代车轮直接碾碎踏平，甚至激不起任何一点点意外的涟漪。

哭是没有用的，在冷硬的成人社会里，任何生存者的生存境遇都不因为性别和年龄而稍有分差；哭也是有用的，泪水的纷流和胸膈肌的抽搐，还有一把鼻涕一把眼泪的喘息，让人回归婴儿状态、回归儿时的大鸟翅膀下的小鸟之嗷嗷待哺状态，使人身心都得以刷新，使人在很短的时间里离开现在，离开现实，将过去到现在的路重走一遍。而正是这样的重走，也许就能让人明白什么、懂得什么，并且自己给自己以开释。

哭泣是自我救赎的一种本能，也是我们不无冷硬的成人社会运转机制下，个体的人濒临绝境的时候的无助的自救，尽管这种自救所采取的是一种徒然的形式。

钢筋水泥的城市对人的压迫，特大型的城市对人的压迫，无孔不入、无远弗届。除了也许会存在的一直游刃有余者之外，剩下的人，都是已经或者正在或者将要哭泣的人。

下了地铁距离新场还有一段距离，凑巧与一个外国人同行。他叫 Alan，居然是新场的老住户了。边走边聊，在他的指引下，未进新场已经对新场有所了解了。

如果和周庄、同里、乌镇、甪直、凤凰等所谓成熟的古镇比较的话，新场古镇的优势是还不用买票。这也就是说，古镇的街道上还有诸多本地人生活于其间的自然而然的气息，它还是活的，还没有死掉，还没有成为需要专门买了票才能看的纯粹旅游点。

这是新场这样的古镇具有自己的魅力的最大价值所在，这和世界其他地方的古镇很像，都是人类千百年来的生活传统下，走到今天的时候的正常状态。当然，这样的状态还能持续多久就实在难说了。

现在，已经住在这里很多年 Alan 迫切地感受到了不安。他在新场古镇租住的房子到期日是五月八日，房主迫不及待要限他一月八日之前搬走，他拿出当初双方签字的租房合同来，才算是勉强同意继续履行合同规定的日期。

据说给开出的条件非常优厚，让房主们心花怒放蠢蠢欲动，也让Alan这样真正爱着古镇的租户惶恐慌乱。他把自己作为一个画家的作品介绍和在中国参展、参加活动的文章文字拿给任何一个有可能给他帮助的懂英语的人，希望能利用他们的语言桥梁作用，将他的渴望传达上去。

事情就是这样，一旦你知道了可能会住不下去了，即便是依旧还住着呢，但是悬在头上的忐忑，也使以后的生活与之前绝对的平稳状态有了重大的区别。Alan像真正的古镇人一样爱着古镇生活的每一天，他每天都在微信朋友圈发布自己做的精致的晚餐，邀请有兴趣的人去他装修很好的古镇老房子里吃饭。

他对形式感的追求是深入骨髓的。他的父母都是艺术家，他从小就耳濡目染，对于绘画的色彩追求非常强烈。在他位于另一个叫做冗头的镇子的工作室里，竖立着他众多的绘画作品。那些作品色彩艳丽，点染奇特。有很多居然都是用筷子点彩而成的，这是他的奇思妙想的发明。他对于创意有着强烈的追求，自己开办的儿童绘画班上，孩子们的创意作品都被他现场收购，作为收藏。

在古镇温和的夜色里，这位年逾七旬而依然充满了活力的画家，一个人走向了麻辣烫小馆儿。他已经完全适应并且能够以非常投入的状态，对待中国的美食，融入中国的生活。

他实际上已经成为众多的古镇人之一，即使明天就不得不离开,他也曾经是一个不折不扣的新场人。

新场古镇以自己自然的发展脉络走到今天,包容着包括Alan在内的所有对自己情有独钟的人。这是自然发育的古镇的不竭的魅力源泉。

到了新场,老街上如期地看见想象中的旧日场面,江南古镇的样子是互相都很相像的,尤其是现在一律开了面对旅游者的门脸以后。

从包桥路拐向东后老街的那个丁字路口,是倾斜的,形成汉字笔画中的人字形,像是某个椭圆的一部分,但是又没有遵守椭圆的绝对弧度。这是因为步行时代里自然的转弯,而逐渐固化下来的带着人体功能曲线的弧度。这个弧度本身就比那些横平竖直的道路要有温度,要耐看,像是什么艺术品的一角。

在马路越来越宽的汽车时代,在所有的拐弯抹角都要尽量横平竖直的现代交通设计里,这样的拐弯早已不见,不说是禁忌也会被视为浪费甚至是妨碍交通的危险。它是人类既往漫长的步行时代里硕果仅存的痕迹,是终将消失并且已经非常罕见的一种路口格式。

而斜对着这个路口的一户人家的院子,更是耐看。房子是白色的,篱笆墙是黑色的木板。一棵非常高大的而倾斜的苦楝树就倚在院门口,它没有叶子,只有一束束果实的树冠,以蓝天背景高悬在空中,像是一个没有伞布的伞盖,以自己纯粹形式主义的形状装点着这户审美的院落。

这户人家因为这个倾斜的路口，而使得整个院子变成了一种不规则而又颇有弧度的形状。妙就妙在这样的不规则的弧度已经完全为树木和植被所认可，依附于其渐变的形状，或丛生或独立地在空间里画出了篱笆之外的路的走势。

这就让人在院中便时时刻刻能与院外的一切做互相完全体认的交流，让院子的主人在家居状态里还仿佛依旧保持着转弯的斜度，而这种斜度是生活中的重要组成部分，是每个走到这里的人都需要采取的姿态。这种每时每刻都在这种姿态里的院落建筑错觉，会让人觉着温暖，觉着自己始终没有脱离开他人，始终是众人的一个重要组成部分。

在路口的位置上，哪怕是隔着篱笆，遇到外人，遇到熟识的经过者的机会也远远大于普通的路边；而倾斜拉长了经过的时间和空间，给交流提供了更多的条件。立在院子门口，或者坐在院子里，就可以随时和人搭话，互通有无。这就让始终处于众人的生活流中的温暖感愈发得到了具体的支撑，就会让人越发热爱自己的立足之地，自己的家。

这大约是只有居住在这样的院子里的人才会有深入体会的一种妙不可言。既妙不可言又不足与外人言，是古朴民居的特定外在格式予人的一种特殊享受。我们所谓的现代人，早已无福消受，无缘其间矣。

在新场期间，我特意在这个路口来回走了好几次，每一次都好像回到了某种熟悉的古代场景里。回到了炊烟与人、家居与行旅所造就的某种平淡而恒久的情节中。很多生活中的温馨画面都可能在这个路口出现过,很多共享生命中的时间的段落都曾在这里绵延。

这个路口与河边廊檐下的岸边居住状态近在咫尺,却已经迥然相异。那里的临水的方便与临水的不方便,临水的安宁与临水的狭窄,这十五米开外的地方都已经换了一番天地。立足于自己的地形,营造属于自己的居住美感,这是古人绝顶聪明的建筑智慧与居所智慧的一种微妙体现。

不是在任何一个地方都可以找到这样的场景现场的,甚至是在任何地方都找不到的。梦与现实的重合,而且是美梦与现实的重合,在一个喜欢地理环境、对人与自然关系有着特殊的爱好人来说,多么珍贵。这是古意未泯的新场,给人的一种特殊的惊喜。

又一个黄昏即将来临,游人尽去。新场的老街上恢复了宁静,那是从唐宋迄今,从来都未真正被改变过的宁静。

在河边廊桥下挂着的一个鸟笼里站着的八哥突然开口说:"你好!你好!"

声音清脆,一如生人。因为完全没有预兆,所以让人不免一惊,随后便是一笑,饶有兴味地和它讲起了话,想再把它那不可思议的婉转喉咙逗引着打开。然而八哥见好就收,怎么也不吭声了,只是蹦跳着在笼子里换了几次位置,好像在居高临下地窃笑:自己两个字,就引来了人的这么多字。

屋子里的主人听到外面有声音,开了矮矮的门出来,欣慰地点了点头,脸上是看到有人在夸奖自己家的孩子的那种满足的光辉。

在过了河向南,临街没有开辟那么多店铺的地段,家家户户都还住着人。正常起居的巷子里,黄昏的气氛开始明确地出现。没有一丝雾霾的天空将丰富细致的光影变化按部就班地投射到天空大地和屋檐街角上,它们每天重复,却每天都迥然不同,让人百看不厌。人们正常走着路,正常回着家,正常地在临街的门里坐着,但是所有的人都陷入一种因为感受到了光阴快速转移而来的,生命进行曲一般的愉悦。

背着大书包的孩子,坐着择菜的大妈,弓着腰淘米的老人,骑着电动车在崎岖不平的石板街上一路颠簸着前进的汉子,大家都点缀在老街深处的这种愉悦陶然的气氛里,既是气氛形成的绝对有机组成部分,又像是镶嵌到了这种气氛里的古镇特色。

走进这样的气氛里,走着长长的古街。河有多长街就有多长,没有了游人的古街就显得更长更长。南山寺耀眼的黄墙里巨大的银杏树在高空中的树枝树杈的存在,都已经像是远在地平线上的旗帜。老街上竟然有了一种从历史深处而来的空旷之感,好像正是为了配合你的这种奇异的感觉,不知道哪一户人家的矮矮的青瓦屋檐下开着的门里,黑洞洞的门里,传出了悠扬的笛声。

笛子的现场演奏和音响设备里的播放效果是完全不一样的,再高明的音响设备再多的喇叭也不能真正模拟出这样在现实环境里的音乐的自然流淌。

笛声泻地而出，分明是从黑洞洞的门里飘出来的，也更像是直接穿破了长长的倾斜瓦顶直接到了空中的。笛子这种简单的乐器的响遏行云的力量，在这样寂静的古镇老街的黄昏里被发挥得淋漓尽致，得其所哉。让人突然明白，乐器的发明与演奏首先是环境本身的产物，而反过来它们也只有在诞生了自己的那个环境里才最有表现力，才最美。任何拿到剧场和演出舞台上的乐器实际上都已变了调，已经不再是那乐器本身，因为不能将元初的环境一起带过去。而这元初的环境就是人与自然和谐相处的古人生活境界，就是乡野之中和新场古镇这样的地方。

我已经回忆不起来那笛声到底确切演奏的是什么曲子，其实演奏的什么曲子不重要，重要的只是在那个环境里听到的这种隐于生活之中的笛声本身。任何艺术都只有这样在生活里自然呈现着的时候才最美，而我们正在全部失去的，恰恰并不是艺术而是这生活的环境。

这幽巷里的笛声，正如同西方人家阳台上的小提琴或者瞎子阿炳街头的二胡一样，因为携带着环境本身的氛围而让人震颤，让人铭记。虽然自始至终也没有看到黑洞洞的门洞里那吹笛子的人，甚至也没有试图向那门里张望，但是这笛声本身就已经足够，足够穿透人心，足够让人神游于天外、无界于古今。

想象那吹笛子的人可能只是下了班回家，或者干完了活儿回来以后，在做饭吃饭之前之后的一段闲暇时光里习惯性地信手拿起了笛子。吹笛子要心情不错,至少是心情平静;而古镇人生活在这个小桥流水的环境里,心情怡然是绝大多数人的常态。所以这吹笛子的事,大约在黄昏里是可以常有的。

好空气好心情好笛声,这样的古镇生活状态在当今城市人口聚集、建筑密集的普遍生活中,实在是太过奢侈。莫名其妙的悖论已经形成,所谓发展的代价似乎不得不地被意识到:任何人类的正常而美好的生活环境与生活状态,都将会成为奢侈品。从这个意义上说,新场古镇,新场古镇这个黄昏里的悠扬笛声,将具有载入史册的意味。

然而我们需要的不仅仅是载入史册,我们需要的,或说更需要的,是它的永在人间。

住在古镇核心位置上的小楼里,是听不见什么噪音的。楼上楼下,阳光倾斜进来又倾斜出去,做饭吃饭,写字睡觉,一如在安静的乡间。鸟鸣鸡唱,楼外窄窄的走道中有人或者自行车电动车过去,车轮碾压不平的小巷、喘息和咳嗽或者迎面遇到谁的打招呼声,什么都听得一清二楚。

相聚十几米的临河人家的饭馆和咖啡馆的营业,一点也没有影响到这里的安详。那些临河的屋檐很低的廊下摆放的桌椅,是游客们最心仪的地方。傍着一株伸展到水面上的桃树,或者靠着一搂多粗的大樟树,吃什么已经不重要,重要的是在这个位置上坐着吃这个形式本身。自然,那种吃的形式与地点所带来的被游人视为浪漫的热闹,是安静了很多很多年的古镇的一种异在，是一种还能够被古镇亘古的寂寞给逐渐消融掉的不扰人的热闹。

古镇的发展正处在这样一个十字路口上，再向前些，这样的热闹就会质变为对环境的破坏，就会逐渐让古镇失去原本的魅力。而现在，所幸的是，一切还都没有那么发展，还在"欠发达"的美好之中。

古镇家居的普遍安静状态已经持续了几百年上千年，在能看得见的未来也许还将能继续持续。这是古镇居所的一个重要魅力；另一个魅力，是这里的空气质量。

作为自古以来便是人员辏集的所在，新场一直保持着越来越显得难能可贵的好空气的传统。就算是上海有雾霾，新场也没有；甚至几公里之外的地铁 16 号线新场站有雾霾，新场镇也没有。

上海地理上所谓三面临海的地理格局，好像真正的分界处就在新场附近。从此再向东，就真是三面为水环绕，水汽氤氲，海风频吹了。这就形成了新场得天独厚的小环境。

古时候，这里距离海边肯定是更近些，甚至就在海边。因为宋朝的时候这里作为新辟的盐场才有了新场之名，将以前的"石笋里"的名字换成了"新场"。

石笋里这个名字也很有意思，本地多竹，人们自然对竹笋的形象非常熟悉；而河流之中有石如笋者，于是"溪湾石笋"便成了本地的一景，成了古代几乎每个地方都会有的十景之一。以自然的地貌特征特点命名人类的城镇，这是古今中外的自然而然,新场从一开始就是大自然怀抱里降生的人类劳动与生活的结晶。它的衣钵和传统格局经过千百年的沉淀,幸运地在浦东浦西的城市格局里被甩到了所谓发展的脚步之外。最近几十年来整个中国社会对古代生活风貌中的建筑和习俗方式的各种名义的抛弃,在这里还硕果仅存的有些难得的遗存。

目前的状况是:现代建筑的城市格局包围着的是虽然残缺不全但是依稀可见的旧日古城。据说,就在五年前(约为2018年——编者注),新场古镇还非常荒凉,人们都陆续奔向了近在咫尺的上海。但是在两三年前,这里突然被一窝蜂地看中,本地人也随着游客开始逐渐回流,还有很多上海人在这里买房置业,开始在这里享受田园生活的安静与悠闲。

大家好像一夜之间突然意识到了古镇的价值,而其中最重要的实际上还是居住价值。与上海的房价比起来这里的房子实在是便宜,而这里的空气,这里的安静,这里的蔬菜,都是上海所不能比的。在这种戏剧性的大城市与乡村古镇的同一地域的对比中,人们同时发现了旧有生活格局与生活空间的诸多优点,略略地出现了一点点从城市涌向乡间的回潮。

这种回潮能不能持续当然需要打一个大大的问号。所谓发展的强大推力,会不会很快就让古镇失去内在的血脉而成为一个纯粹展览建筑格式和民俗商业化的旅游点?

在游人尽去的夜里,慢慢地走下楼来,走在那些空空的浪漫之地,走到拱桥上。举头而望,夜空并不是黑的,甚至连云也还是白的。每一片白云都像是在底片上显现着，中间的星星很亮，很亮的还有正在降落的飞机腹下闪烁着红白的灯光。

像这样可以直视无碍的夜空，在自己所生活的这个时代，已经实在太过珍贵。新场古镇是过去美好生活环境对今人开放的，一个虽然窄小但是毕竟可以通达的时间隧道。

还能藉此回到过去，多么美好。

从北方到南方，从雾霾深重的北方到温和翠绿的南方，从常被雾霾笼罩的北方到可以自由而正常地呼吸的南方，眼前一下就亮了，好像眼睛看东西的能力提高了。不仅是视力提高，嗅觉还格外灵敏起来。走在大街小巷之中，总是隐隐约约地呼吸到一种甜蜜的气息，一种温柔的花香。花香带来的喜悦让人本能地抽着鼻子，禁不住就忘掉了本来是要去做什么的方向，而开始寻找这些花香的来源。

这些花香来自还在盛开的月季，来自硕果仅存的桂花，也来自正逢其时的蜡梅。

蜡梅总是比一般的梅花开得要早一些，一般的梅花要到春节前后，而蜡梅则名副其实，在腊月里就已经开了。蜡梅很少有大规模种植的，一般都在人家的房前院后，一丛一枝，像是特意种下的，又像是无意中滋生出来的，占到了主人核心位置的就被铲掉了，只有这些点缀于犄角旮旯的才得以生存。它们在南方的天空下生存得津津有味，不等黄了的旧叶去尽，便已经在枝头点染上了一串串小小的黄色梅花。

蜡梅的香是幽幽的暗香浮动的香，不浓烈，不招摇，却持久地存在着，伴随着人们生活的脚步，在匆匆而过的时候可以闻到，在安详静处的时候也可以闻到。早晨从屋子里走出来，院子里有它；从别人家门前经过，篱笆边有它；到了乡野之中，在河池水塘边黄叶一样没有落尽的大柳树之间，还有它。

像很多南方树种一样，蜡梅这种在北方只有公园里或者温室花盆里才会偶见的娇贵植物，在南方却近乎只有野草一般的地位，和本地科属的苦楝树、桂花树一样，都没有刻意被经营着就已经非常茁壮而生生不息。

对比南北方的蜡梅，花虽然是一样的花，但是受重视的程度显然不一样。去年元旦在泰山脚下的冯玉祥祠，阶前的两丛蜡梅被手持大镜头的摄影爱好者们里三层外三层地围着。他们是在给北方的肃杀里惊艳地盛开了的小花拍照，也更是在为压抑久了的生活捕捉住一点点生机。蜡梅是给北方隆冬中的沉沉的大地报春的最早使者！而新场现在的蜡梅，则没有被人以这样沉重的渴盼凝望，它们开得自然坦荡，随意大方。

这种不经意的花香弥散在四季之中的生活，是南方生活比较舒缓惬意的一个重要条件。尤其是在非大城市的乡间或者区镇老街之中，像新场古镇这样的地方，这些花香与一以贯之的好空气成了本地人平和的人文传统的重要物候基础。

在大城市生活中司空见惯的急躁、不耐烦、一言不合便破口大骂甚至大打出手等等各种"怒症"的戾气，在这里鲜有其闻。

一大早就慢悠悠地掌一个紫砂壶听着沪剧站在自己门口，和过往的邻居路人打着招呼，有的说上一两句，有的站定了说上很久。这样的生活格式之中，自然是早有蜡梅的花香浮动其间了。

厕所卫生员手持扫帚站在自己的岗位上，有路人如厕一时难以辨别孰是孰非，她就会很优雅地单掌做出一个明确地请进手势，将那或男或女的方向指示了出来。她面含微笑的姿态不仅仅是对如厕者的，还是对在河边垂钓的人，还有骑着大二八自行车来收晾在河边的衣服的人，她也是这么一副表情：敬业，还乐业。她活得很快乐，很满足，对于当下自己所处的位置、所遇到的人和事都有一种由衷的认可态度。

早晨起来散步的时候，隔着栅栏和一个正在洗衣服的女人聊天。她先是给我们解释，那正从自来水管里流出来的水不凉，是她家自备的深井水，冬暖夏凉。同时用手压了一下旁边的一个铁质的弯把儿，说有电的时候用水泵，没有电的时候就用手压。一边饶有兴致地说，一边满脸都是自然的笑意。这种和路人说话的状态，仍有古风矣。

在这到处都是水的水乡，人们普遍是不肯丢掉用手洗衣服的传统的，洗衣机总是费电的呢。而从她随后对于自家各个方面的介绍可知，她对于自己和家人的生活也是非常满意的，对于人生中这样的位置，这样的生命格式，完全认同，而且津津有味。

这是古镇人最让人羡慕的一种状态。养成这种状态有很多硬条件,如经济收入、医疗保险、养老保险、邻里关系、人际交往等等。除此之外,古镇本身所有的这种天人合一的建筑格式,还有点缀在这种建筑格式之中的各种植被,各种植被中包括这蜡梅在内的各种花香,也是不可或缺的软条件。

在四季如春,至少是四季都有花香飘荡的地方,人自然就会有好心情,就会被花香托举着总有一种春风沉醉样的情怀。

在现世里肯定着自己的一切,一如植被,一如花。

早晨,新场古镇的千秋古桥上,用红纸贴着一个符咒:

天皇皇地皇皇,我家有个夜哭郎;
过路君子念三遍,一觉睡到大天亮。

这种治疗幼儿夜哭不止的独特方式,在中国的传统社会里已经绵延了上千年。如今出现在新场古镇,唯一具有时代特征的地方是,这块写了黑字的红纸,全部用透明胶给牢牢地粘在表面已经有很多密集的小坑的、古老的石头栏杆上。

新场古镇最为珍贵的就是这样的生活传统也还被罕见地维持着的特点。它的老街道老桥梁和老房子并不比那些已经被开发了卖票的著名古镇更出色,但是它是活的,里里外外都有人生活,一直是一代代新场人繁衍生息的所在。

外人来到新场，第一个感觉就是这是人家生活着的地方，除了那些专门针对旅游者的店铺外，所有的一切都是人家按部就班的生活之流中的自然而然。这种品质在如今的中国古镇旅游中，已经不再是多数。多数都被彻底商业化成了商场和舞台，什么事都紧紧围绕着一个盈利的目的转，让游人觉着千篇一律，有一种被应付了的扫兴。

当年电影《色戒》选到这里拍摄，大约也是有这种考虑：这里还未失去人间烟火气，还有其自然而然的呼吸。老街老房一旦全部都只是作为商品销售或者卖票展览的场合以后，成了摄影棚里那种过分干净整齐、过分横平竖直的状态，就没有了润泽的温度，就只剩下冰凉的钱味儿了。

尽管新场当年之所以成镇是因为晒盐制盐，根子上也是商业起家。但是那毕竟不是拿了自己的全部房子和街道都做买卖。生意和生活，是人类健康地在天地之间相辅相成的两件事，让他们将自己的生活全部退出去，只剩下生意，肯定有违自然天道。

所幸我在这个北方雾霾沉沉的冬天避难来到新场的时候，这种有违天道的古镇旅游格式还没有被启动，还能在自然而然的古镇生活里自由自在地饮食栖息与游逛。

开始的时候还以为新场古镇只是一个丁字街，充其量是一个工字街，两横是沿着两条河修建的有廊的房舍，中间是一条石板铺路的新场大街。后来才发现，其实西边还有一条河，是过去的码头所在。那条河的两侧更开阔，不像老街那么拥挤。

临河而居的家家户户,都开有通向水道的后门,还有石头台阶直接通向水面。两岸多树,一侧是柳树,一侧是樟树。树下多是花园和菜地,一年四季都有绿色。其间的细节种种,多有婆娑之意象,即便是冬天也依旧充满了生机。

这条水街上的景象,让人想起了德国的世界文化遗产小城——戈斯拉尔。都是流水环绕窄街,人与水、民居与水相亲相近的古老生活样貌。在相当漫长的过去时光里,东西方的人类,都有过自己融于自然之中的合理的生产、生活格局。只是到了最近百年,世界才突然发生了巨大的变化,人类不再依赖自然也不再尊重自然的倾向愈演愈烈。

区别是西方社会似乎从一开始就在人居的问题上充分尊重了传统,保留了古城的生活样式,古城绝对不容许拆动,新城也都与古城拉开了适当的空间距离。没有将传统视为需要彻底砸烂的羁绊,也没有走大拆大建以增加 GDP 的路,更没有纯粹以经济为目的将古城作为卖票的景点。

事实证明,其实那样客观上才更是挣钱的长久之计。保护得好,列为世界文化遗产,游客从全世界慕名而来;而顺其自然地让祖祖辈辈都居住在古城里的人继续按照原来的自然规则生活其间,本身又是让古城始终能保持自身活力的最佳手段。

至少目前的新场古城还大致在这样的自然而然的模式之下运转,一切还都比较健康。在车水马龙的喧嚣和安详静美的沉稳之间，还有一个良好的分寸在。

在黄昏还没有到来的时候，游客们就已经纷纷离去了。剩下的都是生活在古镇上的人们。有意思的是，多数游客离开新场的时候，手里固然是拎着些纪念品日用品什么的，但是很有特色的是，他们几乎还都会带上一包菜，一包古镇农民自产自销的新鲜蔬菜。价格只有上海城里的几分之一，但是质地却是绝对可靠的。冬天里经历了多次寒凉空气的袭击的油菜，如今是大地里最旺盛的物产。除了走街串巷的菜农之外，在很多店面门口也摆着新鲜油菜，都是自产自销，自家菜地里的出产，一般只有几毛钱一斤。店铺里的老板们，往往是本职生意不多，但是菜卖得却很快。

新场基本上是上海旅游的市场，很少有除了上海之外的其他地方的游客，有也是零散的，没有成群结队而来的。因为地铁的方便，自驾的距离适当，这里成了上海人出游，尤其是一日游的一种最自然的选择。他们带着一包菜离开新场，既赏了景，还为家里省了菜钱，很有一种得其所哉的心满意足。

这，也是新场作为活着的古镇，让四面八方的人们正常地融入其中的一种有魅力的景象。

慢慢地在新场行走，走到了它的郊外，宣新路上。

从新场向南向北走都有大公路，向东向西也一样有。在大公路的缝隙里，还有几条程度不一地保持着过去的水乡旧貌的小路。

这些小路一般会沿着河，一般都是东西方向，穿村过寨，是乡间自然交通的骨干。从路的宽窄到路两边的景致，都还有婆娑的过去旧时光里的面貌，也就成了人们出来到田野里散心或者锻炼的自然选择。其中的宣新路，也就是新场到宣桥的路，不说是硕果仅存，也堪称其中的佼佼者。

在不宽的宣新路上，迎面来车，都必须互相小心避让，否则很难通过。在进入汽车时代之前的这条乡间大路，如今已经变成了窄窄的"草径"。所谓迢迢行远道、袅袅见炊烟的样貌依稀可见，几乎可以与新场古镇的老街老房成为标配，直接演示出了古镇时代的乡野，究竟是个什么样子。

好在几乎没有游客涉足这样的地方，他们只关心老街，老街上的牌坊周围那一小段，买卖最多，卖吃的最多的地方，不及其余。实际上，乡野旧貌比之古城价值一点不低，审美的愉悦获得往往还要超过那些刻意为之的地方。

这里的大地在十冬腊月也是一片绿色，在一个北方人看来，这已经有了春天的意思，尽管当地人可能会抱怨风一直很大，空气一直很凉。水田里穿着皮衣皮裤的男女在脸朝泥水背朝天地劳作着，男人用强力喷水机在水田里反复冲刷着，将泥地里的什么种子冲上来；同样穿着皮衣皮裤的农妇站在水里，低着头，几乎是趴在水面上，将那些种子似的东西一一捡到漂浮在水面上的筐里。那水中的寒凉即便不是冬天只是春天的状态，也一定让人很不舒服。但是他们干得很认真，全神贯注，一丝不苟，经久不息。

这时候身边的小公路上正有骑赛车的城里人一闪而过，他们和骑大二八车子的当地人装备不同，表情却有着一种一致的怡然。这样的怡然在偶尔走过的徒步者身上也能见到。那些上身穿着羽绒马甲，下身光着腿的南方徒步者，戴着耳机，背着小小的荧光双肩包，在假日的上午沿着小河流水高桥菜地的乡间津津有味地走着，自觉不自觉地也成了这一片水乡风貌的时代点缀。

在这里，乡间窄窄的马路和临街的人家，栅栏后面的菜地与绿树，池塘边的鸭子和已经开出了黄色的花朵并且阵阵暗香浮动的蜡梅，都成了满眼的风景。同样是绿色，大面积的小菜的绿，和桃园里一种紧密地凑在一起的莲花一样的小青菜的黑绿，有着明确的色差。

对大地上的色彩的这种饶有兴致的区分，不是我们真的对色彩要有什么研究，仅仅是因为以北方雾霾笼罩下的灰茫茫一片的背景来看的时候，这里的蓝天白云下的一切都让人重新找回了一点点生趣而已。

道路交叉，同时道路所伴随着的小河也交叉，桥头的小庙似的饭店，在小桥流水的十字路口上安稳地伫立着，除了那做饭的老板一个人之外，就再没有别人。真像是一个单厦的庙。

坐在这样的地方吃饭，吃什么不重要，坐下去的感觉才重要。一边吃一边看，看周围的田野道路，看偶然一过的行人车辆，吃完了大致上也是不肯马上走的，一定还会默默地坐上一会儿,坐上好一会儿。最后一定会恍惚,不知道自己是坐在什么时代,是宋、元、明、清,还是二十世纪三十年代……

从这里向任何一个方向看,都是不宽的小路,小路两侧有绿色的树,干净的路面画着清晰的交通标志线,再加上不是很多的车辆,很像是欧洲的景象。尤其是田野里常有郁郁葱葱的如山一样的树林,树冠组成高高的绿色的墙,它们点缀着被远方的高速公路和沿着主干道修建的鳞次栉比的楼宇线所分隔出来的田野。这些田野是有限的,但也还是足以慰藉徒步者的视野与心灵的。

经过挂着"咕咕咕农业合作社打卡点"的条幅的一个大院儿以后,是一道1781年修造的古桥,整个桥面就是四块长长的石条。如果不是地基出现了垮塌,这道古桥在这两百多年以后的今天相信也是可以照样走人的。如今封闭了,也还是能看出两百多年来人畜行于其上的诸多痕迹。

这简洁实用的桥,和河边的柳,带着些黄叶、但是叶子的密集程度已经明显稀疏了的柳配合起来,就是古人的一幅画。

在上海这样发达与发展的地方,能多少保留有这么一点点过去的乡野,也是偶然中的偶然,说不定在下一个什么时刻,一条新规划出来的路或者建筑就会将全部持续了千百年的自然风貌彻底而永远地毁灭掉。这不是危言耸听,看看不远的迪士尼就可以明白,现代建设的铁蹄将占领大地。

只有抱着这是最后一次涉足的心情，才能更明了走上这条路的珍贵意味。

翻看在新场随手拍的照片，发现其中一张，是在新场大街西侧沿河的石驳岸码头街最北端的桥头，浓荫蔽日的大樟树下，一个老人骑车带着孩子刚刚经过。

当时是意识到了他们将经过小桥的时候的景象的，赶紧抓拍，但是已经来不及了。虽然不是老人带着孩子正在过桥的画面，但是那个画面也是完全可以想象的。优哉游哉，怡然于古镇的小桥流水之间，大致上是完全符合人们对于这样的古镇中情景的想象的。

逐一回看照片，发现在当时以风景为主的照片里，居然有四张照片都有他们爷孙俩的身影。

仔细回想当时情景，似乎有那个小男孩一直在用非常清脆的口音问问题的情节。爷爷的回答自然是和蔼而含糊的，对于这么小的小孩子的问题多多，有一种招架不住以后很自然的搪塞。这种搪塞往往被孩子连续的追问给逼到了绝境里，却引起当爷爷的一阵哈哈大笑。笑归笑，最后还是没有答案。

他们是在和水边人家的什么人说完了话，便就又让孩子坐上车子后架，迤逦而去的。因为当时一直在拍风景，所以并没有回头仔细看他们的表情和举止，不过耳边的话还是听得一清二楚的。孩子用一种非常书面化的清晰语言说："请问你们明天的现在正在做什么？"

回答却是新场本地的方言，大意是：哪个晓得明天这个时候在干什么哦！世界上没有人晓得！

然后回答者和旁观者就都笑起来。只有孩子不笑，他不知道自己问错了什么，为什么人们不可以知道明天这个时间在做什么？为什么今天这个时间就一定是站在这里说话？今天这个时间站在这里说话是昨天完全没有预料得到的吗？

他重新坐上爷爷的自行车后座儿，在冬天清凉而温和的空气里，大樟树密密的叶子之间晃动着的粼粼波光也一样映照到了他的脸上。这些令人百思不得其解的问题，依然在大人们宽容的笑声里被他长时间地琢磨着，没有答案，只有车轮均匀地碾过时光，并且缓缓地、缓缓地碾过他的童年，缓缓地碾过爷爷的暮年。

新场传统生活中的时间就是这样缓缓地、一点一点度过的。

作为从不相干的外埠辗转而来的游客，置身古镇的方式往往是在不知不觉中就被商业化的话语套路给引领到了买和卖场地里去了。标志性的牌坊前后，都是举着各种小吃的人；而逛街与采买的路线也总是主街上的那一段最热闹的街道。很少有人有闲心去别处，去这依然有人生活着的古镇的日常状态里去望一望。他们非常可惜地只是将古镇作为一个换了个环境的商场，换了环境的饭馆。

他们或许浪费了一个作为外人、作为游客最大的优越性，那就是可以用暂时脱离开生活的视角去审视生活，从审视别人的生活中去获得新鲜感和自省力，去体悟并俯瞰自己的生活。

如果我是一个画家的话，一定会在这个桥头将我没有照下来的老人带着孩子过桥的场面画下来的。这幅画大致上要讲究居中的构图，要画出河水中的光影在孩子脸上、在老人下巴上的反光，还有在反光中沉思的孩子认真的眉宇、与老人的眼睛里不较真的释然。

它不单单是构图很美，意趣很美，还有一种古镇本身的韵律。那是古镇环境下的人生状态的婉转与悠然，是我们所永远失去了的曾经的家园的依稀梦影。

关于新场，头脑里始终还有几个画面：

一次搭车

宣新路上的徒步回程中，妻子实在走不动了。挥手去拦了一辆正在驶过的电动车。实际上电动车当时已经冲过去了，但是还是刹住了车。骑车的中年女子听说是要搭车，便下意识地回看了一眼自己短小的电动车座位，略有点吃惊地问："你俩都上来吗？"

意思是搭车是没有任何问题的，问题只是你俩都上车就坐不下了。

等她载上妻子，临走的时候还对我说："那就劳费你了，还得走一段呢！"

及至开车走了一段，她要拐弯了，而回新场的方向还需要直行。她便对妻子说：我把你送回去吧!

没有霾

在一个北方人眼里，整个南方都非常奇特。非常奇特地在冬天也总是蓝天白云，正如冬天大地也铺满了绿色一样让人感到惊喜。而其实在这蓝天白云之上，还更有一层对空气质量的赞叹与敬仰！在新场，晴天，阴天，有太阳，没有太阳，下雨，多云，不管什么天气，统统都是一级天，都是正常的天气现象。

空气一直很好的地方，人们普遍就喜悦很多。表情更沉静，更有耐心，更容易帮助人，更尊重传统。空气好，人心好；空气霾，人心也霾。

老屋子里的黑暗阴凉与户外的温暖光亮

坐在新场老街上的深深的屋子里向外看，窗外门外的老街上的一切都像是电视屏幕里一样光亮。从左到右或者从右到左走过去的人，都像是在舞台上登场的过客。看得时间长了，便充满了人生的哲学感。这是古镇老房子的设计中又一个让人拍案叫绝之处。

当然，这样的设计也带来了一些问题。虽即是在寒冬之中，只要阳光一来，明媚的光亮遍洒大街小巷，便已恍如春天，但是，屋子里却难以享受到这样的太阳的抚慰。

这里晒被子的习惯就是因为冬天没有暖气，屋子里的潮凉很难驱除。一有阳光便显得非常宝贵，家家户户都会拿出衣服被褥晾晒，外面挂得像是万国旗。

大河北岸的健康公园

除了老街，周围的新式的房子和小区就和全国别的地方没有什么区别了。至多是楼层矮一些，楼间距大一点而已。大河北岸的健康公园那样花钱建成的园林，其粗陋和简单也近乎乏善可陈。新场的所谓现代建筑因为始终有古镇的老街比较着，所以至少在形式感上便再难有出彩之处。

换句话说，老街的环境对于维持古镇的气氛、维持古镇人的生活习惯、行为模式乃至道德信仰都有着至关重要的作用。房子没有了，老街没有了，一切都会随着烟消云散，人心都会变，变得和那些发展发达了的地方一样。

三个看杀兔子的小孩子

上午温暖的阳光里，街角上，三个孩子围着一个人，楞楞地睁着大大的眼睛看着眼前令他们非常吃惊的场面：兔子在那人的强力束缚下依旧努力做着最后的挣扎，肌肉剧烈地突突突地颤动着，它明显已经知道马上将意味着什么了。锤子砸了一下，又砸了一下……

三个五六岁的孩子各个都不由自主地扎撒着双手，随着锤子的砸落而一下一下惊叫着,眼睛却因为无知而始终盯着那个场面不放。不能的好奇和本能的恐惧对他们纯洁的心灵进行着剧烈的袭击。

一个社会不论怎么进步也还是有诸多粗糙的地方。保护孩子的视觉和人生,不过早地示之以血腥和残酷,是一个文明社会的题内之义。

在一个地方有些感觉是可以比较逻辑地讲述出来的,而更多的东西则始终是碎片化的印象,是很难用一个统一的主题将它们有条理地连缀起来的。离开新场回到北方一周了,这一周的每时每刻,几乎都还在新场。这几乎是一种自动选择的本能,只有完全靠着精神世界里的这种不在现场,来逃避着这里漫天的雾霾。这样一直在说新场,依然意犹未尽,头脑里还有些挥之不去的印象,大致如上。

说完了这些散碎的印象,大约就真的要和新场告别了,一周之前是物理距离上的告别,一周之后是精神关照上的告别。不过新场会永远留在我的生命中,尤其在这漫天的雾霾现实里,它将永存。

在相当程度上,秋冬季节,我之所以还能在华北平原持续的雾霾里生活下去,就是靠着这种对于没有雾霾的经历的详细回味来支撑的。不知道这是不是可以说是不幸中的一点点微乎其微的幸运。

27

滴水湖和南汇观海景区

Dishui Lake & Nanhuiqu Seaview Scenic Area

在一段相对集中的时间里游览了上海主城区内的公园以后，又在跨越多年的时间里多次游览了上海远郊区的一些公园。这时候的公园，已经有与郊野相融合的绿道文化下的自然保护区的意味了。一改城市中那种传统的公园镶嵌在居民区中的方式，而逐渐形成了将人居镶嵌在风景之中的世界潮流方式。这需要总体规划上的超前意识，更需要在经济发展和建设上的严格把控，不使建筑密度和高度超越一定的界限，以免形成过去那种先盲目进行城市发展，然后再大费周章在建筑缝隙里点缀绿地的老路。

至少就目前来看，这一带还是基本上保持着人在风景中的状态所要求的适当的建筑密度和高度的。

在这长江入海口的南岸、钱塘江入海口的杭州湾北岸面积广大的三角洲地带，包括深入到大海中的东海大桥所行经与最终抵达的地方，虽然也设立了泥城滨河公园、滴水湖环湖公园、海湾国家森林公园、海昌海洋公园、滨海森林公园、春花秋色公园、南汇嘴观海公园等等，但是我还是更愿意将这一大片新区整个地视为充分与自然融合，也尽量保持原来的自然风貌的崭新的人与自然关系和谐下的大公园。

在这里逛公园，可以是在面对江岸的堤坝上漫步，也更可以是驱车在海岸上驰骋，在东海大桥上去往嵊泗诸岛……

驱车穿越长海前往这上海最大的公园的路途本身就已经是一种风景。

曾经有过在地铁里穿越上海几个小时的经历，现在是开车横穿上海，也是几个小时的经历。不管是天上还是地下，都没有在上海的城区落脚，都是从郊区到郊区，不过在高架上毕竟是看见了上海的天际线以及天际线之上的天空。

沿着其实已经离开传统上的上海主城区相当距离的中环高架，所望见的无非是楼顶和在公路上能看得见的招牌广告，除了被水泥森林铺满的上百里的道路两侧之外，鲜有依然裸露的土地。高高矮矮的密密麻麻的建筑物已经将大地覆盖住了，不仅没有了原始田园的痕迹，即便是既往无处不在的农作景观也已经消失殆尽。生活在这片土地上的数千万人其实是在至少从高处看下去属于高密度的水泥缝隙里栖息穿行……人口高度集中的特大型城市所铺展开的，就是这样一幅被钢筋水泥架构起来的高高在上的庞然大物的景象。

在上海，从高速公路，从高架桥，从轻轨桥上望出去，大地上的城市乡村，无非建筑密度和建筑高度略有差异的建筑群落，即使偶尔有些绿色也都是夹缝里的点缀，而不是作为与建筑面积相匹配的自然性存在。但是这里已经是国内各方面综合实力最好的所在，最宜居的地方，也就是说未来城市的发展，发展到追上上海的水平的话，就是眼前的样子。

这个样子尽管已经是国内最好，但是真的就很理想吗？在世界上最多人口数量的庞大压力下，也许只能如此吧。毕竟一切舒朗的与自然风貌相匹配的黄金比例的人居，都只能是在人口数量优化的前提下的可能目标。

在人口数量多到一定程度的时候，大家只能是簇拥在一起。人、建筑、车辆都会形成这种簇拥的格式。

灰色的高架路上的汽车你追我赶，一辆挨着一辆，任何一辆车都不能有一时半刻的迟疑，必须紧跟前车，稍有落后就会被后车催促。高悬在每辆车上的时不我待的鞭子随时都会抽下来，打在驾驶者不焦灼也会逐渐焦灼起来的心中。

这样的行驶，如果没有足够的熟悉程度，不打出足够的提前量，长长的地面实线就一定会让你眼巴巴地经过下道口而下不了道。即便开着导航，也因为导航的提醒说出来的时候，已经错过了机会，只能继续前行，再找下一个出口了。

高架路是汽车时代里高等级的汽车专用道，中间没有红灯，全部立体交叉，一会儿高高抬起，一会儿又可能深深钻入地下，基本上都在高且平的大桥之上。如果不是车辆太多导致拥堵的话，理论上是绝对可以以最高限速 80 公里每小时的速度一直跑下去的。可是即使你跑到了这样的限速，也还是依然有道路漫长，总也跑不到头的感觉。

不过，这只是一方面。对于驾驶者来说，另一方面恰恰相反，这高等级的汽车专用道的使用观感却又总是匆促甚至来不及细看的。你被高高地架起来在半空中穿越百里的景象，在古人大约是怎么也难以想象的神仙妙境,但是在汽车时代到来并且持续拥堵的状态里,这种体验却也未必令人神往。相反,终于结束了旅程的时候总会有一种莫名的疲累,这种疲累既是属于此次开车走高架的具体过程的,是属于上海这座国内发展得最好的大都市的,也是属于这个被钢筋水泥覆盖了的时代的。

不容否认,的确是有那么几个时刻里你是能体会到在半空中以每小时80公里的速度飞过的快感,以为一切都已经在你脚下,但是不能落地、不能随时停歇,甚至不能适时地找到服务区方便等等一希列的限制,都极大地冲淡了你这种稍纵即逝的不无虚幻的愉悦。

我们的城市,现阶段哪怕是最好的城市,所呈现给外来者与容纳给长居者的,其实都在庞大和宏伟之余颇虞匮乏。所匮乏者非温饱之需,而是高度发达之后的返璞归真,再回自然怀抱。

当然,这样高高在上的走马观花,与陶然于市中心的繁华的长居者的享受,肯定是有不同的。或有不当,仅作一哂可也。

通往海边的路很遥远。

尽管早已经体会到了一种旷大的风源源不断地从东边吹来,吹得云飞霞走,气息氤氲。但是当你矢志不渝地向着那有万千气象的东边走下去的时候,却是总也走不到的样子。

距离海还很远,还仅仅是看到了停泊在了村庄边缘上的挂着国旗的木船。但是一望无际的河滩都在被开发，挖地的机械将湿漉漉的黑土翻出来，载重的卡车将砖头瓦块和乱石拉进来，人在海面前的渺小和人在机械面前的渺小相比，前者显然更安全。

高高的水草和同样高高的风车矗立在这非经跋涉便很难见到大海的海滨，成为让眼前的阳光晃动起来的不竭的力量。阳光从乌云的缝隙里时时以剑一样的笔直猛地穿透下来，照彻它所聚焦的房舍和水洼，让它们熠熠生辉，让正遥望着的人们愣愣地神往。

在大自然依旧占据着主角位置的环境氛围里，仿若神性的证据总是这样每每乍现，让早就懂得了其间的科学道理的人依旧不犹豫地沉浸到了仰望和感动之中。没有这样的仰望和感动的人生，没有不被破坏的大自然的人生，是凡庸、残缺而狭隘的。这就是为什么总有人一定要走向大海，走到最广阔的自然里去的原因。

另一个方向上的老路，是过去的海滨大道，虽然依旧是看不见海，但是路两边的水杉却已经成了规模，形成了让人惊喜的林荫大道。冬天里没有叶子，只有水杉古铜色的枝条，收束着一律向上，指向树行之间狭窄而蔚蓝的天空。这样自然的树木与人工的道路大规模地互相贴合一致的景象，在内地已经非常稀少，只有在这样天涯海角的海边或才硕果仅存。

这里被称为上海的天涯海角，对于核心城区来说一直是名副其实的边缘地带。无奈的是核心地带的发展已经近于饱和,而雾霾的影子已经要将整个大陆的东部全部覆盖。这时候人们惊喜地发现,这个得天独厚的位置上因为经常性的海风劲吹而一直保持着罕见的蓝天白云,在内陆 PM2.5 高起的时候,这里的指数只有十几二十。

这样的发现让这里的农田和水系都突然被赋予了崭新的价值。所幸杉树大道这样的存在暂时还没有被规划为风景,而且因为新开辟的宽阔的公路几乎和它并行,它连自己过去一直不堪重负的交通功能也减轻了许多。你甚至都可以在相当不短的一段时间之内,免受车辆打扰地在这杉树林荫道上一直走下去。

沿着这样的杉树林荫道走向海边,立体的丰富一变而为平面的浩渺,失去了视觉上的对比,会让人对一直心向往之的大海感到些许失望。其实海对人的吸引,这已经是其中重要的一项:以自己的单调衬托出世界的多姿多彩,让在陆地上乏味了的人重新意识到自己的世界的可贵。

从海边回来再次沿着水杉的林荫道前行着的时候,这样油然而生的可贵感便已经因为负载了经由大海的视觉洗礼,融化成了醇厚的幸福。

在上海地区地理位置近于半岛的最东端的这一片广袤的平原上,楼宇林立,光影如画。深冬时节依然碧绿的田地和婆娑树冠,在宽度刚刚能够错车的小公路两侧鳞次栉比地闪过。手机时时都要举起来拍照,路上一个个高点,一个个可以俯瞰可以遥望的地方,都是要久久凝视与感叹的所在。

去看海的这一天,深切地感觉到,人正与天地同在。

南汇是这里的一块冲击平原。长江入海向南,将所携带的泥沙卸在滩涂的北岸,成为历史上以著名的地理现象为命名方式的南汇(最新的城市分区居然由浦东新区将南汇合并掉了,让有确切的地理根系和成百上千年的历史渊源的南汇之名从此开始销声匿迹)。而从南边杭州湾滚滚而来的泥黄色的河水,也在半岛的南岸不断沉降。两条大河昼夜不息地将泥沙在南北两岸卸下,几百几千年,造就了整个半岛。河水在这入海口的地方汇合,形成一处宏伟的双河入海的地理景观。尽管入海的河水因为回流的作用而搅动了泥沙,让海水呈现着一片泥汤一样的浑浊。

这里的地名有的直接就叫做泥城,那里距离具有世界建筑景观级别的东海大桥已经很近。东海大桥从半岛向南,通向大海里的嵊泗列岛,绵延三十多公里。车行桥上,泥海汹涌,桥基稳固。为了海上的船行方便偶有隆起,远望如面条一样绵软随形的样貌让人心惊。汽车以每小时80公里的速度行驶其上,时间久了就会忘记其实还在桥上的事实。直到大海中出现了海岛和灯塔,出现了比岩礁高出很多很多的集装箱。

大名鼎鼎的洋山港沿着东海大桥两侧展开,将所有冒出海面的岛礁悉数占领,硕果仅存的一两座可以遥望的地方,也都无一例外地修了收费口,让意志不是很坚定的游人望而却步。实际上绝大多数游人是无暇驻足的,因为前面有更大的目标:东海大桥尽头的沈家湾轮渡码头,从那里坐船一百分钟,就可以到达"海上有仙山"的嵊泗列岛。

嵊泗列岛是大陆沿海海域中最东边的有人居住的岛,大大小小几个岛,都悬于海中,四面是水,人在其上,比之高山之巅更可以充分体会一种远离世事的超脱,仿佛回到了人在婴幼儿时期那种被无微不至地被包容着的元初状态。从那里回望大陆,回望生活过的、喜怒哀乐过的一切,陡然生出一种苍茫乃至荒谬的判断。

很多人渡海而来,是为了吃喝,是为了好空气,但也多多少少是为了这样回望着的时候的超越之感,甚至是为了不置身此地便很难产生的这种自我判断。从这个意义上说,嵊泗列岛乃至东海大桥都是可以让人产生哲思的地方。整个上海仿佛深入大海之中的这种地理形胜本身,便是一种诗一样的存在。人类栖息在一个伟大的地理格局中,本身就是诗。

当然,在宏伟的地理形势里,总是有那么几个地理节点,是最容易有这样的诗思的所在,比如南汇嘴。南汇嘴在半岛的最东端临海的八十公里大堤核心位置上,伫立在这里面对大海,所见虽然无非茫茫,但正是这站在陆地最东端所望到的茫茫大海,让人意识到自己正侧身整个宏大的地理形势中。站在这里,一种置身地理从而也置身历史的真切感觉油然而至,即便不必发什么感慨,也是很可以怀想一番的。

作为地理中的人、历史中的人,自然而然的人类个体对这两者所能领悟与感受到的机会实在并不多有。靠着年龄和经验,靠着阅读和总结之外,这种置身到地理与历史现场的时刻，便是遥思与遐想的最佳机会。不是说站在那个位置上的那一刻就一定会如何如何，而是曾经站到那个位置上的事实，会在其间及其后成为回味的基点。

在这里凭空建设起来的临港新城，大约也有这样立足地理形胜之中的考虑吧。不过，人工挖出来的绝对圆的滴水湖，湖岸采用了城市公园常有的硬化处理，没有预留跑步与骑车的运动路径，这样从一开始就没有环湖运动的设计考虑，更没有让湖边的泥土地上杂花生树的交付自然之手去完善的返璞归真之思。

顺着环湖一路、环湖二路、环湖三路等纵横交错的城市道路走，空空荡荡的街市上没有行人，也有少车辆，据说，这是为未来预留发展空间。

好在这地处偏远的海角所在，因为海风始终吹拂而保持了极高的空气质量，在不远的未来一定会迎来真正的发展机遇。因为，在我们的土地上，好空气已经成为最大的号召力。

在南汇北汇东海大桥洋山港临港新城各个地理节点上的驻足，让人收获满满，片段的视觉和点滴的印象充分连缀起来，在自己头脑里所构成的这一带大地海洋的形势，不仅从此深植于心间，而且好像还使人生更趋于完整与圆满。

在上海的这个位置上，终于可以看海了。

在飞机降落上海的过程中，在驱车于上海的高架路上的时候，我们可以俯瞰上海的建筑之海；在南京路上，我们可以走进人山人海；在最终通向大海的长江边，面对滚滚江水也有很多人认为自己几乎是在看海;假期的时候坐地铁到了最后一站滴水湖,面对浩瀚的湖水也有很多人不再向前走了,觉着这就足够遥远,已经距离大海足够近,甚至已经是大海。

但是,北京有山,上海有海。巨大城市的发育总是有自己的地理依托的,这不仅仅是资源拥有量上的判定,更有人类栖息的实用条件之上的审美情怀。从这个意义上说,上海是有真正可以看海的地方的。

不必说深入海湾的东海大桥,只在浦东镶入大海的陆地岬角的所谓临海地区,就有很长的海岸线,可以尽情看海。

走在这样漫长而迂回的海岸线上,一侧是浩瀚的大海,一侧是芦苇广袤的湿地草场,即便是有草场尽头临海新区的楼宇,也依然还是让人怀疑,怀疑这已经不是上海,不是那个印象中高楼林立没有平坦而广阔的视野的上海,而分明是草原,是牧场。而这样的草原牧场居然在海边,在不远处城市的背景之下,这就显得很是神奇,很是异样。这样的神奇与异样,就是上海这座浩大的城市的一部分。

在上海这非典型性的一部分里,我们在海边走着看云。

台风的暴雨狂风之后世界重归平和,天上的云团密集地排列着随风而来又随风而去。它们的影子掠过了大致一样高的芦苇头顶,掠过了堤坝上正在追逐着云的影子的人,掠过落潮的时候有人像是鸟儿一般弯着腰在泥水里翻找海货的景象,掠过被风掀起了一朵朵如古代插图中一般整齐的海浪。

云最终去了哪里,这个问题现在是完全无暇顾及的,因为现在已经沉浸在追逐云的意趣中:这一朵云的影子过来了,笼罩了人然后又离开了人,而下一朵云又过来了,却阴错阳差地闪开了人……

这样儿童游戏一般的乐趣,实际上在大多数儿童已经无福消受。还能有流云万朵,在大地上投下这样纯净的影子的地方,已不多有。这既需要地理上多水的条件,也更需要环境上没有雾霾的纯正。

比起这样与云互相追逐的游戏来,我们实际上更多的还是慢慢地在海岸上行走,或者静静地伫立在海边,很长时间都凝神不动。海的广阔与海的荒凉是并存的,海在给了人极目楚天舒般的愉快的同时,也给了人自身渺小、无力抵御也无力做出什么惊人壮举的感叹。海中隐约的小岛,小岛前耸立的风车,大致上就是一望无际的海所给能我们提供的最后一点点视觉驻留。那样的地方还有人类可以想象的相对稳定的存在,而其余的一切都是翻腾闪耀的海水,不无浑浊,只消走进去几步便已经为人力所不逮。

海就是这样一种存在,长期不见,它作为人间最宏伟的地理景观的吸引力就会与日俱增;一见之下,欢呼跳跃之余却又很快能让人陷于无言的沉默。云天之下的海风所给予我们的,既有开阔视野与敞开心胸的欣慰,也充满了哲学的冷峻与旷远。长时间不见大海的人,一定要来看看海。看看大海再回到生活中去的时候,我们就重新拥有了人世应该有的背景。

在这样的大海的背景里,即如地球有了宇宙的背景,人生的一切,大可坦然;行为上认真地顺应规律,思想上又不失超然,大抵就是最好的选项。偶有对规律的忤逆,偶有过分纠缠之处,其实也都是人生的题内之意,常有像这样放眼大海的时候的内在感受,可能也就算正常而健康了。

当然其间如果还能有今天这样在大海边与云互相追逐的游戏,在人生中添加了尽管不期然其实也肯定是并未间断之追求的审美元素,那就已经堪称丰富。

上海的海,因为与上海的城市建筑普遍高差最大、因为与集约化的寸土寸金的城市性的狭窄相对应,又有风云万里、气象万千的辽阔,而显得愈发珍贵乃至珍稀。它其实作为上海最大的地理景观,是我们抵达这里以后饱览一系列的景点景观之外,最应该漫步其畔的所在。

看海是和看云紧密联系在一起的,所谓海天一色,难分彼此之外,海滨的云也是全无遮挡的云,是可以最大程度尽收眼底的云。

雨后的早晨,烟云在天空中快速流转。

不必去任何所谓景点,只在路上看这样的烟云,就已经是至高无上的享受。

在太阳还没有升起来的时候,烟云是天空中的绝对主角,它们淡墨色的丝丝缕缕,撕扯着在立体感十分强烈的稻田尽头飘过,让人凝视着、感叹着,举着相机追逐着,像是在膜拜显圣的神。

实际上所有置身在这样的云天之下的人，都不由得惊叹，那一定是上苍在将自己最美好的一面，偶然地袒露给总是没有资格仰望到它真容的人间。

雨后烟云这样的天地之美，是在还未经旅游的商业话语刻意修饰过的自然而然。只有在富含水分的地方，才会有这样轻飘飘的一丝一缕的烟云。烟云淡黑的颜色在天空中撕扯出好看的视野，让人吃惊，吃惊于这样以前不以为然的淡淡的黑色，居然会有如此动人的感染力。它们被天地自然安排到天空中的时候，在这样雨后的瞬间里，在一两个小时之内，它们都会在高天上上演属于自己的戏码。它对人的鼓舞就是让你纵身在大地上，似乎可以无限地一直追寻着它们走下去。

太阳升起来以后，云的颜色便成了洁白。密集而洁白的云在天空的牧场上如羊群一样急急地驶过，在大地上投下明显的影子。这些影子的速度很快，从远远的地方就遮挡住了阳光。遮挡了阳光的云的边界不断位移，直接滑过来，滑过你的头顶，然后一瞬间就奔向了更遥远的大地和大海。

这时候开车走在沿海的道路上，开着车窗以舒缓的速度任漫天的云在头顶上不断掠过，脸上的阴影和阳光便会持续变换；而交响乐电台里的高亢激昂或者低缓悠长的器乐合奏所演绎出来的万千物象、纷纭人心，就成了此情此景最好的伴奏。人和车好像一起走进了电影中的画面，好像一切都已经是文艺大片镜头中最抒情的、日后一定会成为影视经典的段落。

从沿海的两港公路转上申湖嘉高速公路的高架桥的时候，广袤场景里的浦东机场上空的巨大飞机的起飞和降落正在两个方向上不断地进行。云与飞机的镶嵌关系在高架路上看得一清二楚，一架飞机会在空中凭空消失那么一会儿，然后又冲出云层重现——如此直观的视野里，人类制造的巨大与不可思议依然让人惊叹。成千上万吨的钢铁就是能这样舒展着爬上天空，与那些神意缭绕的云成为同行。这个画面和音乐里的最为高扬超拔的乐段互相配合，好像自己的车也要在高速公路上做起飞前的跃跃欲试了。

这条双向八车道的高速公路路面宽阔而车少，尤其在节假日别的高速纷纷堵车的时候，这就显得更其难能可贵。好像是专门设计让看云的车辆，这样自由驰骋着追逐这在现实里偶得的梦幻一般的景象。

它引导着人跃上闵浦大桥，经过在上海很少能看到的巨大的水泥原色的沙漏状的发电厂散热塔，从城市边缘上横穿整个上海。无数五线谱一样的高压线之上的云，始终在并不很高的空中陪伴着人的视野，让你成为天之下的云、云之下的你、你之下的城市的分层结构里的一员；让你在仰望了云天的同时，也仰望了自己的心；在俯瞰了万千屋顶的同时，也俯瞰了自己在这里或者短暂的生活。

除了飞机的起飞和降落，人大约只有这样在高速公路、在环城高架上跃出生活之外的机会了。它是我们更接近于云，更接近于实现自由翱翔的需要。

只是这样开车在路上走就已经是莫大的享受，已比到任何景点里去旅游要有意思得多；或者说开车在路上本身，就已经是最好的旅游项目。尽管这样的旅游项目肯定不会被人们认可，也因为没有市场的介入、没有基本的资金与商品的流动性而让业界缺少兴趣。

在日趋精细化与条块分隔、日趋市场定位精确的现代生活格式里，这样在建筑与秩序的缝隙里的近乎个人性的审美偷欢，大抵上只属于上不得台面的个人范畴。但是不管怎么样，不管经济话语与旅游话语怎么不将其纳入广告与经营的轨道，它在此时此刻都是让人沉浸不尽的美妙。

本来是要在这次十月旅假做尽量远行的游览的，然而仅仅是这样在路上，在云天流转之下的路上的时候便已经直接达到了审美愉悦的顶峰。去哪里已经不重要，去哪里已经变成了我们在社会生活之中的行为惯性，变成了在路上这样沐浴天上的流云的附庸。

28

人气鼎盛的莘庄公园

Xinzhuang Park

单看名字,从名字本身的汉字意象上看,莘庄以及莘庄公园都是不起眼的,都有一种类似枣庄、石家庄之类地名的连带特征。

不过了解了一点点上海县的历史以后,这个貌似由村庄的名字所代表的,在近代以来率先发展的深厚文化背景和历史底蕴,就会将其从那一系列以村庄命名的地域行列里抽离出来,归于上海这样的发达城市的排序之中。即使是今天,在从主干街道步行走向莘庄公园的小街道上,也还是能看到一定程度上的不是很精致、不是很高大上乃至很市井化、生活化的场景:街道两侧的高楼大厦不多,道路与建筑的关系、人与街道的关系之间都有一种不以好看为目的,只以实用为旨归的务实、好用原则下的随意与自然。招牌没有统一,年代和格式悉归各家店铺自己的历史和好恶使然,而其间的人们也都以之为自然而然。完全没有那些强求一律的街道景观,那样的街道整齐是整齐,但是却失了审美层次,也失却了个体的独特性。

踽踽独行的老人,刚刚买了菜从排着队付款的生鲜超市里走出来的妇女,自行车后架上带着一丝不苟的折叠捆扎好的废纸箱去卖的中年人，凑在街边树下一边聊天一边张望着路上的行人车辆的汉子……这样的景象，一如任何城市角落里的景象。但是这样走到莘庄公园门口的时候，就还是能从那种二十世纪六七十年代传统风格的大门格局里，看出不一样来。

莘庄公园线条横平竖直的大门本身并无新鲜之处，但是门外向着两侧，至少是向东的一侧，街边接近公园大门的时候，其自然形成的气氛还是让人记忆犹新的：鲜花盛开的花箱里面是自行车、电动车停车处，是街道上的人流纷纷涌向公园的时候第一个驻足点。驻足是因为停放的车辆骤然增多，便道变得狭窄，也是因为公园门外和门边的墙上都正有花儿开放。莘庄公园的植被花朵气氛，从还没有进到公园里的时候就已经开始了。这更让人有一种迫不及待地要走进去看看的冲动。这一处园林，即使在植被丰茂的江南城市里也显得更其突出，从门口透出的这一点蛛丝马迹就已经让第一次到来的人无论如何也按捺不住了。

眼下的防疫措施只剩下了进门伸手测温这一项了，很多人都因为走得太快，伸手和缩手过于迫不及待而测温失败，不得不在旁边保安的提醒下再来一次。保安用浓重的中原口音反复说着很书面化的语言："请大家不要太快，测温仪要有一点反应时间，不然越快越测不成，越快越不中……"

据说大城市的快节奏，是从地铁换乘的脚步频率和火车站自动检票机前通过的速度来判断的。无论是哪里的自动机器都赶不上人们越来越快的通过要求，连这样进公园来玩居然也在潜意识的习惯里是希望一通而过，不为程序花更多的时间。

而工作日的早晨，这样进公园的，大多数都是中老年人。貌似无事的中老年人的生活，其实也一直受着整个社会的节奏影响，潜移默化，如影随形。子女的生活节奏和周围生活环境里的普遍观感，使他们不可能置身世外。正如他们也会在公园里抱着手机看起来没完一样，年轻人说话的利索、脚步的匆匆，也已经渗透到了他们的行为模式中。

这样的节奏连我自己也是始料未及的。因为我一走进公园，迎面就遇到了一位上了些年纪且妆容精致的女士，急急地询问我在什么什么位置是不是看见了唱歌的人们，我说抱歉没有注意到。她便又急急地寻了去。她是来参加唱歌的组织的，大约时间已经到了，但是没有见到那个唱歌团体的人，便着急了起来。着急去参与到集体活动之中去，着急要在预定的时间里一起做兴趣中的事情，这是大家的归属感使然的一种不由自主。莘庄公园里点缀在大树花草之间、亭台假山之畔的这种自发的兴趣组织，星罗棋布，每走几步就会遇到一拨。唱歌的是一大项，其中又会细分，有的是西式的多声部合唱性质；有的是传统的现场伴奏独唱加身段舞蹈形式；有的需要在专业的歌词支架前很讲究姿势地站定了唱；有的则完全是烂熟于心地且歌且舞。

跳舞就更区分不同的舞蹈品类了，有的是广场舞，有的是交谊舞，有的是街舞，有的是专业性质的现代舞；打拳的、练剑的，宽袍窄袖，立地生风，家伙事儿还都在专业的器具架子上竖直了摆着。所有参与各个项目的人，无分男女，人人都兴致勃勃，都是因为自身的兴致而来，也因为自己的兴趣而无往不在怡然之中。夸张的说笑和彬彬有礼的招呼之间，是因为共同兴趣而逐渐熟悉起来的人和人之间的互相依托。

在地面上写大字的人就在公园中间的卧虹桥头，桥头人来人往的空地是通向莘庄公园的前身作为私家园林的梅园的必经之路，这里地砖平展，人员流动性很大，正好符合写地书这种人流中的艺术的全部要求：既方便写，也方便别人看，尤其是可以不断更新观众，在不断更新的观众的注视甚至直接夸奖中，获得广场艺术家、行为艺术家才会有的那种现场创造中的极大满足。

只要你站定了仔细看，仔细看拎着水瓶子边蘸边写大字的地书艺术家，他们笔下一个个完整的汉字渐次出现，就不得不惊叹，惊叹一笔一划、一勾一挑的规则与整齐都俨如字帖、恰似打印，它们倏然落地，然后又悄然消失，一如生命乍现，惊艳一片，却立刻就风干了笔画、淡去了色彩，销匿于不见，像是从未出现。

在所有的旁观者中，在一定程度上也是地书参与者的旁观者中，有一位老人因为其打扮而格外引人注目：他身穿笔挺的棕色西装，打着鲜红的领带，戴着满是铆钉的皮帽，一举一动都像是电影中的人物，或者说是抖音中的主角；嘴巴咧开的笑是自始至终的不变表情，颤巍巍的脚步既像是老年人的习惯性颤抖也像是刻意为之的某种舞步……在经济宽裕以后就会臻于丰俭由己的自由之境，在回望人生了无挂碍的时候，就会有穿着既可以随性任意也可以精益求精的化境。他的穿着像地书艺术家的笔画一样，都是人沐浴了天地的雨露以后，回照给世界的辉光。

在莘庄公园，游园的主体肯定是老年人，偶尔看见有年轻人，一般也是自己一个人坐在无人的角落低着头看着手机，没有参与任何一项兴趣活动。这里是中老年人的天下，琴棋书画唱歌跳舞的世界，舞剑练功的世界，各界均有自己的组织和人群，松散而紧密。

这种情况一方面说明行动能力弱化以后，老年人只能就近以逛公园的方式回归自然；另一方面也说明社会发展的现实中，只有到了老年才会更有闲暇，才更有余力，才能从所谓无穷的事务性里挣脱出来，才会经常逛公园。

公园实际上在这样的意义上已经变成了老年人的社会，变成了一个人生尾声的舞台，变成了一个随心所欲不逾矩的老年人自由抵达、自由组合的人生现场。

我感觉自己在逐渐向他们的年龄靠拢的过程中，也逐渐可以理解他们了。老年人的世界，只有在你也接近老年的时候才会理解。凡是在很年轻的时候就已经能充分理解老人的人，无疑都是天才。比如写了《魔山》的托马斯·曼和写了《桑榆晚景》的黑塞，他们最初的作品居然就是写养老院里的生活的。那些作品里展开的老人世界，那些生命本质与幼年的旺盛、青春的蓬勃、中年的思索一致着的状态，在我们的现实里，好像都可以在莘庄公园这样的地方找到。

这样的人生现场展现在莘庄公园这样到处都是老树浓阴的园林之中，实在是得其所哉的恰当和天降甘霖式的幸运。从 1930 年杨姓人家在此购地建设自己的私家梅园，到后来陆续被日寇占领、被国民党特务组织占领，再到回归公园性质，到各个历史时期里的扩建与修缮，最为难能可贵的是园中的树木大多都继续生长，甚至还一直有所增加。一百年的樟树和一百年的松树、水杉在绝对年龄上也许算不上很年长，但是在同一个民间性质肇始的公园里有如此众多的老干粗枝，有如此密集的蔽日阴凉，也还是非常惊艳的。

在江南大地水分充足的一年四季里，树木花草的绝对休眠期是很短的，它们在一百年里的生长所形成的树围和冠盖，要比每年都有漫长的休眠期的北方的树木，在规模和形制上都大出很多。从植被的意义上说，这里的年轮无疑是更其丰厚的。围绕一棵树就可以形成一片大大的阴凉，在这片大大的阴凉里就可以安排一圈椅子，人们坐在椅子上享受着老树的阴凉，各自端着手机，算是时代感很强的一幅幅画卷。

人在这样丰厚的植被环境中，是不是会有一种时间加快、人生得以绵延更久的好感觉呢？看来上有天堂下有哪里哪里之说，并非空穴来风。莘庄公园所在的上海县原属江苏苏州，是老俗语里的天堂所在。对比北方而来的天堂之称，在莘庄公园这样的地方被很有现场感觉地延续着自己天人合一的无上风貌。

莘庄公园虽然不大,但是精美雅致,一步一景,亭台楼阁桥梁绿道之间有山、有水、有草地,有森林和花海,有灌木丛,唯独没有废地。每一片地方好像都有了固定的自发兴趣组织的占领,他们每天都在同一位置的聚集和活动,也像是公园生态中的植被花朵一样稳定而持久。

这大约已经算是人与园林臻于融融之境的极致,以至于像我这样初来乍到、偶然一顾的游客,走到哪里都显得格格不入。不过相信只要稍假时日,便也可以逐渐融入其中,其中那个你自己感兴趣的所在。不过我所感兴趣的既非琴棋书画也不是打拳跳舞,而是园林的整体,是整体的园林与人的关系。以这样的兴致,大约只能在不同的地方的不同园林中游走才可以获得最高的愉悦了。

在人生的这一个角落里,可以有兴趣供你选择,可以选择你最喜欢的方式进入幼儿园式的陶然忘我之境,此乃公园予人之妙也。尤其莘庄公园这样格局与历史、传统与人气都恰到好处的公园,最堪其是。

莘庄公园在总体植被丰茂之下,有一条团结河伴随在一侧,而且河还就势穿越其中,也算是就水造园的设计体现。这是江南之地富水的地理优势使然,也是公园造园充分考虑本地地理特点的顺势而为。另一个极端便是类似莘庄公园里大草地这样的设计:一个视野里的树木灌木全都清除掉,只有略呈起伏之状的茵茵草地。它是在对照意义上将北地草原的广袤适当引入小巧园林,不使狭促而竟辽阔起来。唯一让人觉着它其实还是园林的,便是这草原边的一溜椅子。

长廊,椅子和亭榭,是园林造景之外的至关重要的工具。它们不仅经常就是景色的一部分,是人化自然的重要物象,而且还具有切实的服务游客的坐靠遥望功能。它们既让人面对景色有了一个出发点,也同时用自己的实用性将人从景色里间离了出来。

比如眼前,这样将椅子安放在草原边上正好可以满足人们对辽阔的凝望要求,但是一旦你将这样的瞭望本身也纳入视野的话,草原的造景本质便显现无疑……这是园林之为园林而毕竟并非真实自然的本质决定的。它在本质上是一个盆景,要想追求更远大的世界,必须踏足真实的山水大地。

不过那已经离开了公园的话题,还是让我们回到莘庄公园里来。莘庄公园里的梅园最为古老,每年赏梅时节都会形成游园的高潮,根据巴金先生小说改编的电影《家》就曾经在这个梅园里拍摄。而团结河边的石马和朋寿石算是给比梅园还古老的这块土地的古老做了注脚,使这个园林性质的园子有了文物的意味,有了既往的人类祖先曾经像是今天的人们一样栖息其间的无穷想象。

貌似年代没有梅园古老的茶室,其后面有锁角亭和金鱼池的白墙院落也独具一格。白墙院落中央是一个池塘,池塘里现在正生着黄色的鸢尾花。人既可以在亭子里喝茶,也可以直接坐到池塘边上对着宽宽的绿茎和飘飘的黄花喝茶。院子是白墙黑瓦,四围都是高耸的大树,每一个角度上都有树影,都有阳光与树影之间的争夺、僵持和挪移。这样的争夺、僵持和挪移只有坐得足够长才会有所发现,才会在天光云影里体会到时光赋予这人与自然的贴合一致的韵味。

世界很美好,很美好的世界就在我们的身边,莘庄公园周围的人们关于美好的世界的理想,可以直接落地的实践点,一定就包括莘庄公园在内吧。甚至可以说莘庄公园就是周围的人们对大自然回顾的最佳之地,乃至唯一之地。对于常年活动其间的人来说,所有关于树木花朵、河流草地的概念的落实之处就是莘庄公园。所有非功利目的的生活之外的嬉戏玩耍也都在莘庄公园。这也就可以理解一位曾经居住在莘庄公园附近十几年然后搬走到另一个城市的人,说起上海来,很自然地就会说起念念不忘的莘庄公园。

公园的水平,或说其状态水准,一方面赖于地理意义上植被自然,一方面也更赖于人,赖于制度的落实能力与意。只有这几点都长期向好,才会形成一个历史与现实中都有口碑的好公园。

29

绿树成荫的闵行体育公园

Minhang Sports Park

离开莘庄公园,意犹未尽,觉着这附近可能还会有类似莘庄公园这样的好公园。于是骑共享单车去了地图上的一片绿色,那里有一个很有古意的名义:春申绿地。

　　春申绿地在地图上虽是沿着一条河的规则的绿色,但是这绿色却是不相通的。人为的墙隔断了一直沿着河边绵延的绿意。在江南地方,绿色并不难寻,不像北方,凡是被标成绿色的地方一定是可以称为公园的珍贵所在。

　　不过相距不是很远的另外一大片绿色,的的确确是一座公园,闵行体育公园。闵行体育活动中心那一侧完全是体育场的规制,都是体育设施没有园林。而紧紧相邻的园林这一侧则是个标准的公园。这个标准的公园几乎没有了体育的痕迹,有的是开阔的草地、环湖的林荫,还有环草地的林荫。在林荫里尽管明确竖着不准搭帐篷的标志,但是搭帐篷的人还是比比皆是。因为初夏时节,逛这样的公园的最佳方式好像就是搭起帐篷来,有吃有喝还有躺有卧,舒舒服服地在树荫里,刷着手机、看着书、听着音乐,沐浴着风景,享受着回归了大自然一般的幸福,度过假日时光。而这一切就都在寸土寸金的城市街道边,在街道边的公园里就有这样好像不可想象的去处。

正值中午,我坐在湖边树下的长椅上,打开自带的盒饭,吃很有意义的生日餐。以这种逛公园的方式过生日是始料未及的,也是颇有意义的,相信过去了多少年也还会记忆犹新。用自己喜欢的方式,在异地的从未抵达过的公园里看风景,还有什么比这更有意思的呢!

如果没有下面的小插曲的话,这种好感觉会一直绵延。

湖中偶尔有小船驶过。又过来一艘,划船的女人尽量让船靠近岸边,然后指着岸上坐在长椅上的我,对怀里的幼儿说:"那是个老伯伯。"于是孩子向我招招手,嘴里还稚嫩地说了句类似"老伯伯好"的话。我只好按照这位母亲分配的角色,也回以招手和"小朋友好"。孩子就很高兴,这种人生的训练显然比划船还有意思;孩子的母亲则在这样的现场教学里得到了意料之中的完美配合。我则在生日这天对于别人眼里我的老伯伯的形象观感,有了一个初以惊讶、继而释然的确认。

一切都是自然而然。

即如眼前湖中的小岛,因为与岸边不通,所以可以为白鹭提供不受打扰地占领,白鹭立在石头、树枝上,俯瞰着湖水,时时刻刻都在准备捕食。天长日久,它们脚下的石头和树枝都为其白色的粪便所染,呈现一种很显眼的不大自然的白色。这种不大自然的白色其实也是自然的一部分,是白鹭与石头关系的产物。

我坐在湖岸长椅上遥望这一切，在不知不觉中便进入了一种杳然的沉浸之中，万物一体的深远在这闹市中的园林里得以实现，是个体的偶然，也必然是设计造园者的初衷吧。

有更明确的设计感的是湖边的水上栈道两侧缤纷的水生植被观赏区。水生植被观赏区有各种形态的水中茎叶和花朵，还有不惧人的白鹭，花下觅食的大红鱼和站在栈道中的亭子里吹笛子的人。

观赏水生植被，也是一种现场教学。芦苇、蒲草、茭白、睡莲、水葱、千屈菜、菖蒲、美人蕉、泽泻、水烛、梭鱼草……在开花的现场竖起牌子，告诉你这是什么花那是什么花，尽管中午的阳光强烈，但是每一个看花人都津津有味，全情投入，完全没有躲到阴凉里去的冲动。一位女游客一直在对着这些植物照相，照着走着，越走越远，后来才想起来包还在远处，于是就赶紧向回跑。跑的那种急切里，既有怕包丢了的后悔，也更有赶紧拿了包回去接着拍的意犹未尽。

现场教学是生动有趣的，但是更经常的教与学还是阅读。不知道是不是因为有很多大树下的浓荫的缘故，在体育公园里遇到很多看书的人。高大的树林中，一个个长椅上的阅读者，是体育公园里又一种耐看的宜人风景，它在相当程度上让体育公园变成了大学校园。实际上除了校园之外，公园无疑是阅读的最佳选择。既置身自然之中，又徜徉在人类精神的世界中，公园正是这样可以拥有双重的收获的所在。

对于人来说，最好的环境是自然；而最好的成长之途、慰藉之道乃至享受途径还是阅读，阅读使人接触不同的智者，还不用付出社交的代价、情感的代价，就可以在阅读中使自己不断进步。那些坐在树荫里的长椅上阅读的人，是这座陌生人组成的大城市里的一种个人选择，也是使大家互相联系起来的纽带。在文字构成的世界里，人和人终将相遇相通。

因为环湖的乔木高大、灌木茂盛，所以各种鸟儿和小动物都以之为自己的家园。在靠近多肉植物馆的小路上遇到一只猫，对于行人的脚步它置若罔闻，一动不动地伏在路面上，两只眼睛紧紧盯着灌木丛——这是一只正在捕食状态的猫。在这寂静的中午时分，它进行着自己本能驱使下的捕猎。以人类的角度和目光是完全看不见猎物的，它却已经高度紧张到了完全不以人为意的程度，好像知道人不会伤害它，也不会破坏它的捕猎。

我经过这捕猎中的猫，又经过拍摄婚纱照的摄制小组，再经过一个个长椅上阅读的人，不得不结束了体育公园的行行止止。因为，不远处还有一座文化公园。

30

万马奔腾的闵行文化公园

Minhang Cultural Park

我是穿过七宝古镇去的闵行文化公园。七宝古镇和任何一个江南古镇一样，格局和建筑以及遍布街道两侧的商家，都是冲着旅游点的标准来的。商业性淹没了既往的生活气息，也就少了独特性，人在其中恍惚也是周庄也是甪直也是千灯。但是这一点也不妨碍远道而来的游客一定要进去看看的热情，相反倒是文化公园那样的地方，少有外地人涉足了。

正如体育公园可能是因为挨着体育馆所以叫做体育公园，文化公园也可能是因为紧紧挨着闵行博物馆以及另外几个美术馆，才叫了文化公园的名字。

文化公园里，似不及体育公园里的项目多，走入其中，最先入眼的是水边的广阔草坡，还有广阔草坡前万马奔腾雕塑。那些排成一列的彩色奔马，一匹匹马儿高扬的马头、飘飞的马鬃、拉成一条线的马尾，都以自己鲜艳的色彩，在蓝色的湖水绿色的草坡之间构成了最夺人眼目的存在。它们身体的剪纸造型初看是单薄的，整体看又是有气势的，生命力和自由精神都淋漓尽致。引导着人们忍不住也要到这样广阔的草坡上来跑一跑、走一走、跳一跳。

与超长的奔马雕塑并置的，是与草坡边的功能性长椅在一起的彩色雕塑椅。这些色彩明艳的雕塑椅,也不是不可以坐,但是每一组相邻的两张长椅后仰的角度都有所区别,显示着某种调皮的特质,让人觉着其间或有意味。雕塑之为雕塑,一是造型,一是色彩,置于环境之中就还要考虑与周围的地理起伏与颜色的般配抑或对比度。从这些方面来说,文化公园里的这些雕塑都算是很成功的。

这是文化公园对自然环境的文化赋予,这样的赋予在湖边的闵行博物馆里有诸多阐释。比如关于上海县的展览,关于民族乐器的展览,关于上海建筑的展览,等等。不过要想在同一段不长的时间里既转了博物馆又转了公园,对任何一个哪怕体力还算是不错的人来说也都是一种考验,这还得是你不去看周围那几个美术馆的情况下。

我沿着这一长溜彩色的万马奔腾雕塑前行的时候,高高的草坡顶上正有一群年轻人在搞团建活动。两人一组,两人各有一条腿是绑在一起的。以这种怪异的姿势接力跑,跟跄的滑稽和摔倒以后爬起来的努力,让每一个参与者和旁观者都兴致勃勃。一时间公园里的人们都抬头看着他们的一举一动,好像自己也已经参与其间了一样。不论是参与者还是旁观者,一时之间都忘了灼烧的阳光。

午后的阳光强烈而炽热,立夏时节已经可以在这样的时间段里感受到酷暑的威力。在不大的树荫下搭了帐篷铺了毯子的读书人,显然在忍受着周围温度很高的空气炙烤,在多水的南方,这时候也需要深深的林荫了。

只要给予足够的时间,多少年后,以现在文化公园的格局,一定也会和体育公园一样,拥有人们更愿意置身其间的宜人的环境。所谓好公园,好园林,在一切都已经具备的情况下,总还是需要时间,需要自然气息与人气共同的、年复一年的滋养。这是公园不同于建筑的特点,它是天地造化和人类智慧与行为习惯共同营造的城市"伊甸园"。

31

专门看飞机的南虹港观机长廊

Nanhang Port Lookout Walk

对于公园这个话题来说，尤其是对于上海这样有历史、有规模、有特色的公园众多的地方来说，南虹港观机长廊这样虹桥机场边的沿河绿道，一般来说是不足以称的。它充其量不过是一道狭长的沿河绿地而已，甚至行道树下的绿地宽度一点也没有超过一般较为完备的现代道路设计的要求；而所谓绿道也不过是堤下的一条彩色塑胶道而已，当然还有悬于水面之上的木制长廊以及附属的平台。在江南的植被状态下，无论是彩色塑胶道还是木制水面栈道以及附属平台，都掩映在乔木、灌木和花朵之中，都有时时处处的绿荫匝地。置身其间，是有着公园的全部感受的。

不单从这个意义上说它的确是完全值得一提的公园，从另外一个角度上看，它甚至还是独一无二的公园——在上海独一无二，在全国也罕有其匹。因为在别的地方，在别的机场周边，好像还很少有这样明确规划出来、建设出来让游客沿着绿道看飞机的设计。

看飞机是人的本能，是人类对于超越自己直观能力的钢铁制造的由衷感叹的方式。这一点从幼儿仰着头凝望飞机开始，一直到见怪不怪的成年人也还会依旧在飞机滑过头顶的时候不由自主地仰望、凝视、目送。我们对于人类自己制造出来的庞然大物，尤其是对会跑会飞的庞然大物的本能兴致，是无往不在的。

刚刚从虹桥机场起飞的飞机斜向西南而去，阳光在机体上反着光，缓慢笨重，在地面上的人看来似乎有过于吃力的迹象，但每一架都如常飞走了。其真正的速度和灵活度，都远高于站在地面上的观看印象。如果还不能确定的话，那就再看一架。以虹桥机场的起降频度，看飞机是可以一直看下去的。这一架刚刚飞远，下一架已经起飞，它们排着队像是流水一样，像是向着高处去的流水一样源源不断，乃至可以形成一种"逝者如斯夫"的时间感、哲学感来。天上的飞机已经是今天这个时代里滔滔不绝的河水，古人驻足河边的感慨，完全可以这样站在虹桥机场绿道这样的位置上获得。这是绿道设计者在设计之初，就已经敏锐地觉察到了的吗？体会到了还能付诸规划，还能批准实施，着实令人惊叹。

这机场边的沿河观光长廊，居然专门供人仰望飞机起降。不能不佩服这样顺应人们需要的公园设计之别出心裁。其贴近人性需要的开放性和面对复杂问题的时候的智慧，都令人佩服不已。因为别的地方的机场，往往都是高悬"机场重地闲人免进"的警告牌，要想看飞机就只能隔着铁丝网甚至是墙头，避开地面交通，站在角落里远远地望一望而已。尽管那样，也依然阻止不了人们要来看飞机的持久热情。顺应人们的热情，这是南虹港观机长廊的设计与建设者们的思路，也自然是贴近民心的表现。

这条绿道在看飞机之外,自然还有一般水系绿道的基本功能,甚至还有一种辅助道路交通的作用:机场附近的车流也多也快,慢车道上虽然除了骑电动车的已经少有骑自行车的人,但是居间行走或者骑车还是时时能感受到来自身边和头顶高架路上的车声轰鸣的威胁。错开几步,转到隔离林带后面河边的绿道上来,一下子就可以让步行者、骑车人在视觉与听觉上避开喧嚣和威胁。这不能不说是一种设计的巧妙,还是一种体贴的善意,是这座城市以人为本的无微不至的细节意愿与能力的体现。

我们经常可以听到上海之为上海的令人留恋的言论,说这种话的人既有底层打工者,也不乏中等收入群体的白领。尽管房价高、房贷压力大,但是在建设层面、管理层面、措施层面,在凡是有自己发挥的空间的地方,上海总还是能表现出自己这般以细节昭示对普通人的顺应与尊重的难能可贵来。

32

历史镶嵌在地理中：吴淞口炮台湾公园和淞沪抗战纪念公园

Wusong Paotaiwan Park & Battle of Songhu Memorial Park

宝山在最近几十年里的名声在外，一般说来是因为宝山钢厂。开车走在窄窄的两车道高速公路上就可以明白，这里在改革开放的进程中发展之早。不过宝山之为宝山，其在历史上的名望总是和其独特的大江河口地理形势有关的。双重河口位置，使宝山成为古往今来的重要关口。

近代以来，在鸦片战争中的血战吴淞口之后，在宝山至少还发生过几次血战，1932年和1937年都是抗击日寇的入侵，血战的结果和鸦片战争的那一次一样，是虽败犹荣的全军覆没，壮烈牺牲。

为什么是在吴淞口血战，因为吴淞口是黄浦江汇入长江的地方，也是长江即将汇入大海的所在，也就是海上船只溯长江而上进入大陆腹地的门户。在我们海军不盛、舰船不利的年代里，所有从海上来的入侵者，都会在这里遭遇到我们只能来自陆地的抵抗。

抵抗者是当时的政府，也更是每一个具体的抵抗者自己。所有牺牲在这里的具体个人，以陈化成、姚子青等为代表的具体的个人，都是吴淞口永远的捍卫者，都是中华民族的英雄。

如今，吴淞口的炮台湾公园里有清朝古炮，清朝古炮虽然已经不在原来的炮台位置，但是炮口仍然指向宽阔的长江江面。江对岸，从地图上看近在咫尺的长兴岛也仅仅是一条细线。那条细线和宝山这一岸之间的长江，是当年和今天皆然的长江主航道。陈化成的炮台锁江，战斗到最后一息就是在这样的位置上。

吴淞口的淞沪抗战纪念公园里，有宝山古城仅存的一点点城墙遗址，有代表这个民族文化信仰的大成殿，有陈化成雕像和纪念馆，有抗日纪念馆。在一处绿草茵茵的绿地和高大密集的乔木之间，貌似原来城墙墙角的位置上，树立着两块不大的石头，上面写着抗日英雄姚子青的名字。当年二十九岁的他是一位营长，他和他全营的兄弟以及另外一个营的官兵一起牺牲在了这里。相距几十年，牺牲的时候已经六十多岁的陈化成的壮烈在这几乎同一位置上再次上演。国势衰微的症结没有解决，而外敌环伺的处境也愈演愈烈。吴淞口这样至关重要的地理节点上一再出现的事关民族危亡的战火之中，牺牲者一直前赴后继。

走在今天的宝山，在水汽氤氲的茂盛植被一如两广的江边，一种类似热带的湿润和茂盛，让人一再感叹长江对地域的滋养与抚慰。抚今追昔，人很容易在地理和历史的双重感慨里沉浸。江边的步行栈道一方面将舒适性做到了最佳，另一方面也将原来自然河岸的无远弗届的走向做了阻止性的界定，使人无法像古往今来一向如此的那样一直走下去。因为它有头有尾，有公园的围墙。

江边的步行栈道，观光休息长椅是面对长江的。面对长江的宽阔前景，望之不尽，天云一体，船如不动之舟，只有在相对参照物的比照之下才会发现它们其实是在移动的事实。

就在并不遥远的过去，长江的自然风貌，江水在风浪中的样子，千百年来两岸渔民船行水中的日常生产生活的传统，还都历历在目。江中行船，风浪中行船的场面都在这里展开。我们的小船在江中面对敌人的军舰的无助和大无畏，一再上演，慷慨悲歌之余也多有发展强大才能自立的刻骨铭心。

如今的长江河口，船运繁忙，但是无一例外都是货运船舶，渔船和客船基本绝迹。长江中的水生植被和动物已经大大减少，如果不是在江边的水产博物馆里，已经很难见到。类似海边红树林的柳叶灌木高大密集地生长在江边，江边公园里各种乔木、灌木枝叶花朵繁盛，潮凉阴湿的气氛，还有站在江边获得的广袤的视野，依然是长江赐予人们的珍贵的福利。

赫然看见江边栈道边竖立着爱护蜻蜞的牌子，才发现原来江边石缝里那些类似小螃蟹的小动物有着这么一个很奇特的名字。它们听觉非常灵敏，一旦有人走过就会从石头缝里钻回自己在石头下面的洞穴中。这样反而招来了大人孩子对它们兴致勃勃的捕猎，捕猎的方式是用一根小棍，前面系一根绳子，绳子头上拴上一点点食物，形成一个钓饵，然后悬到洞穴口上，静静地等着就好了。

时时有孩子大人惊喜的叫声响起，那是又有一只蛸蜞被钓住了的表现。人们只是在盲目的捕猎本能的唆使下所做的这样的事情，的确可以给当下带来一定的乐趣，却也同时毁灭着江边仅有的几种生物遗存之一种。

细雨之中，江边的亭子成了大家集中在一起避雨的地方。除了刚刚捕猎蛸蜞的大人孩子，一直站在石头上拍婚纱照的年轻人之外，更多的是男女老幼一起出来玩的家庭。随着雨势加大，木板屋顶的亭子很快就开始漏雨，大家努力在有横梁的窄窄的一条地方站立才能避免一条一条注下的水线直接浇灌到身上。长江上起了一片烟雨迷蒙的水雾，始终络绎不绝的船只都隐没不见了。人在自然面前无能为力的渺小，在这样的雨里好像就被恢复了出来。

深入江中的人工栈桥上，正有庞大的保税区建筑施工。像是贝壳一样的透明建筑一栋接着一栋，高高耸立的灯塔式的柱形建筑则已经在进行外部装修。这些凭着现代建材和建筑技术改变了江岸自然曲线的人工，不能不说非常宏伟壮观，让沿江而行的游人总是不由自主地将目光落到它们身上，几乎全部夺去了对江面行船和对岸渺然一线的岛屿的凝望聚焦。

在现代的国防观念里，河口的防御意义已经退居其次，前推到海洋中去的防线，那看不见的防线才是第一道国门。冷兵器和可视兵器时代里的国防已然在相当程度上成为历史，海洋博弈、天空博弈乃至太空博弈的时代早已经到来，任何一个层面上的落后都有可能酝酿出当年那样惨痛失败经历的重演。遗憾的是，在宇宙洪荒千万颗星球中唯一有人类生存的地球环境里，人类在总体意义上的理性，还不足以支撑长久的世界和平。过去的历史中，对于任何一个弱小者，对于出现发展空窗期的国家、民族的欺侮，很多时候都有可能发生。

宝山的这两座江边公园既是对过去的纪念，也是让人在优美的风景里产生悲情的所在。它是城市发展中与过去相连的一个点，一个特殊时空隧道，可以让人在逐渐消退的自然里重温去之不远的过去，并且在相当程度上瞻望未来。

据澎湃新闻 2020 年报道，上海城市公园总数已达到 406 座。当年底，上海森林覆盖率达 18.49%，人均公园绿地面积达 8.5 平方米。

感谢俞诗逸提供部分图片。

跋

本书的写作集中在 2010 年到 2021 年之间（主要是 2010 年、2018 年和 2021 年），这十来年也正是中国进入快速城市化进程的时间；上海作为中国城市中的佼佼者，其城市化的过程中的林林总总大致上已经有社会学家和各种专家关注和研究。

我在全无目的、自然而然的写作过程里，无意间参与其中，以一个小小的角度，用实证主义的态度描绘了我所见到的上海的公园。

公园在城市化的过程中，作为几乎唯一没有建筑只有"自然"的原生态保护区，重要性反而空前重要起来。在城市化也就是建筑密集化的过程中，公园成了一个自然的窗口，成了承受巨大压力的城市人的一个返归宽松宜人之境的机会，至少是模拟的回归自然的机会。

公园在中国的城市里一向具有特殊的人化田园的意味，皇家的与高官巨贾们的悠久造园传统与现代西方意义上的公园的观念结合以后，在中国的城市里逐渐形成的公共园林的概念下的诸多实践，在相当长的时间里都是日常生活秩序比较狭窄灰暗的人们的一种假日里的向往之地。不过随着城市化的日益发展、人口的几何数级的增加，公园越来越成为一种散布在钢筋水泥森林里的标本式的点缀。气候恶化、环境污染，真正的田园消失殆尽，被保护着的公园里的园林与人们的真实生活之间的反差越来越大，它一方面成为一种大家趋之若鹜常常人满为患的所在，另一方面又对人们拥挤在水泥高楼里的日常生活构成了一种强烈的反讽——不过人们总是很会自我安慰的，在公园里呼吸与触摸到的自然的片段，对于城市人来说立刻就转化成了一种慨叹与知足，甚至还会是城市众多的优越感中相当可悯的一种：毕竟我此时此刻还是呼吸与触摸到了什么，比没有来公园里一直在生活中的人要强一些吧！

这实际就是我们的生活质量尚有待提高的一个重要方面：尽管有了基本的温饱，甚至有了相当的富裕与奢华，但是对于一个活在良好自然里的人的最朴素的环境条件，还多有欠缺。国际上的先发展社会那种将公园与日常生活的普通环境与场景不作区分的状态，对于我们来说还是一个较高的目标。在城市尤其特大城市里，只要不是在公园里，你要想找一个可以坐下来不受繁忙的交通与持续的噪音打扰，尽情享受阳光与树荫的所在，还经常是一种奢望。

我对于一个城市的兴趣，常不如对这个城市郊区的兴趣大；对于一个公园本身的兴趣，也常从其于城市建筑之中的开始之处始；对于一个风景，我总是更感兴趣于那风景与周边的关系，也就是说风景是如何开始的，是如何从周边的环境中生长起来的。

在公园无一不是有着明确的围墙，即使没有围墙也与周边的车水马龙、高楼大厦了无绿色的环境显得界限分明的城市，我的这个审美习惯显然是无从发挥得了。因为它距离一个难以确切分清公园与居民日常生活、与大众行动环境的理想中的居住状态，还十分遥远；人们不是生活在充分的自然里，而只是将自然的碎屑散布到了这没有自然的城市的几个点上。

柏林那种市中心没有围墙的巨大森林公园，汉堡那样市中心有两个大湖和湖边原始生态植被的国际城市，想来还是包括上海在内的众多城市园林都需要参考的。好在像浦东上海半岛这样的地方，至少眼下还是可以作为一个大的地理公园以视之，从而进入到人们生活在公园之中的现代理念与实践中的。

也正是从这种意义上，公园成了一个可以被关注、被书写的对象。当很多很多年以后，人们生活中可能的压力舒缓了，城市建设的规模与频率基本上平稳了，而气候与自然也并没有恶化，多数人都拥有了日常生活环境与公园环境无差别的人居状态了，回头再看看我现在所写的关于上海的公园的文字，大约会是一种仅值会心一笑的菲薄之物吧。

在相当长的一段历史时期里，公园作为地图上那些不大规则的绿色点块，都在很大程度上是区别这一座城市是这一座城市而不是任何其他一座城市的重要特征。城市往往千城一面，街道格局、建筑样式甚至连道路街巷名称都是一样的；

但是城市里的公园总还是有自己独有的特征。因为公园的园林植被有着分明的地域特征,公园里的文物古迹更是本地历史文化的遗存,公园里的人也总是本地人占绝大多数,他们的言行特点为本地公园涂上了浓郁的本地特点。

公园的主体是中老年人,他们在公园里锻炼身体、观看四季、沐浴阳光和树荫、带隔辈儿的孩子,中老年人在公园建立起退休以后失去的"组织",重新在公园的玩耍中找到身在组织之中的归属感;正是在这样的意义上,公园也成为中老年人的社交中心。

除了老人孩子,公园里常见的还有恋爱中的人,还有带孩子的年轻父母。虽然总的来说中青年游客似乎不占主导,但是随着城市化的进程加深,中青年人一个人来逛公园的现象也在增加。在公园里跑步、读书、听音乐成了很多单身年轻人的度假方式,周末的时候带着帐篷或者防潮垫在公园度过一天半天的时间,已经是越来越多的人的生活习惯。一个人静处或者几个朋友聚会,选择在公园里显然都是最经济实惠、最方便周全的;交通成本很低,经济代价也很小,这成了大家不约而同的选择。纵观发达国家的大城市公园,这种公园除了是热爱自然的人与无家可归的人普遍垂青的地方之外,更作为普通市民的更好更健康的生活选择的现象也已经是常态。这是中国城市化进程中一种自然而然的脚步。

我对这种情况的记述是秉持着实证主义的精神的,每一篇文章、每一个公园都是用"脚"写出来的,都是实地游走和体会之上的结果。实证主义的意思并非绝对客观,不是冰冷的数据总汇,更不是公园里都有什么的客观的也必然繁琐的记录。实证主义要求的是恰恰是作者介入现场同时,还一定要有作者个人的角度和温度。我基本上坚持两个原则:首先是不引经据典,不说别人怎么怎么说之类的话,必须要说的话也尽量简短用自己的话概括其意,而绝不大段引文;其次是尽量不讲那些可以在网络时代在手机上随时可以查到的所谓知识点。总之不写那些为了写作为写作、为了填充篇幅而写作的资料性的"客观内容",而专注于自己在那个时间、那个地点上貌似偶然其实带有时代必然性的所见所感。

也就是说,理论上这一位作者写的这一切,也完全可以让另一位作者再写一遍,而且可以保证两个人写的肯定不同;甚至同一个作者在不同时间再走一次上述全部公园的话,写出来的也与上次迥异。

这是实证主义的要求,也更是自然而然的写作的本意。所谓自然而然的写作,就是从一开始就不抱目的,只是生活生命感受的记录和抒发,在日积月累以后才意识到可以归拢在某一个相对固定的主题之下。

这种写作实践在前、条目拟定、选题倾向在后的情况,在图书出版中虽然也有前例,但是对于习惯于主题先行的编书格式的作者和机构来说,却也是一种"反拨"。它可以在相当程度上保留更多非目的的原生态写作的毛边儿,可以透过貌似主题之外的细节而使读者的阅读和思维不受太多的限定。对于作者自己来说,则在相当的意义上成就了写作与生活的无间,臻于至少是自己认定的理想之境。

当然,从最初的零散体验到随时的甚至现场的笔记,所有的感受都只是感受本身,并没有刻意要写一本以公园为主题的书才去逛公园。逛公园在我自己只是一种习惯使然的自发行为,这些文字写下来已经延续十几年,一直以笔记的方式在那里放着,"公园"不过是它们相对都有点关系的一条线索而已。

笔记所录,固然有客观内容,但是主要还是主观感受。我在这里写下的更多的都是感受,而非历史资料或者规模数字之类的客观介绍。关于公园本身的介绍如今作为可以随时进行手机查询的知识,已经没有必要做任何重复赘述了。对于写作者来说,那些东西都需要融化到自己的了解、理解与认知的背景中去才好。

真正较真儿将笔记整理成一本书的时候,就会发现写笔记的时候的自由自在之中充满了粗疏与不够丰富,还有当下的纵情挥洒而不及其余……现场的东西大多都只是线索,现场的、鲜活的、地理的与人文的一手感受是基础,要丰厚起来,还必须加诸研究与思考,文字的斟酌就更不必说。绝非是想象中的简单一走一说,甚至也不是有些行走作者自我标榜的那样,到了现场随便一看一写。而也正是这样提高了标准的要求,才能使付梓的文字有可能禁得起时间的检验。

同时因为是自然写作,所以必然有所缺漏,有些公园甚

上海的公园 梁东方 著

至是主要的公园没有去过，比如上海植物园、顾村公园、太平桥公园、桂林公园、南园公园、蓬莱公园、宙中山水公园、临沂公园、南浦广场公园、大华北公园、锦绣文化公园、浦江郊野公园、嘉北郊野公园，等等。相信它们作为自己未来的人生线索之一，会随着时间的推移而逐渐纳入我兴致勃勃的视野，成为我平凡的人生乐趣中的一部分。

感谢王海波、徐建华伉俪，多次为我在上海的旅程提供切实的帮助，感谢老友南哲民高瞻远瞩之序言。特别感谢上海社科院哲学研究所研究员刘天华先生阅读了书稿并手写修改意见，清华大学钱浩博士为这本书写就书法作品，感谢所有为此书的出版付出过努力的朋友们。最后要谢谢中央编译出版社，他们的判断、视野和专业性，给了我机会，也赋予了这些文字以更好的意味。

2021 年 5 月 16 日

上海的公园

上海的公园

上海的公园

上海的公园

上海的公园

上海的公园

上海的公园

上海的公园

图书在版编目（CIP）数据

上海的公园：旅踪掠影 / 梁东方著 . -- 北京：中央编译出版社，2021.7
　　ISBN 978-7-5117-3976-6

Ⅰ.①上… Ⅱ.①梁… Ⅲ.①公园－上海－摄影集 Ⅳ.① K928.73-64

中国版本图书馆 CIP 数据核字 (2021) 第 131039 号

上海的公园：旅踪掠影

责任编辑	韩　松　李媛媛
责任印制	刘　慧
装帧设计	具见之
插画绘制	熙　亭
出版发行	中央编译出版社
地　　址	北京西城区车公庄大街乙 5 号鸿儒大厦 B 座（100044）
电　　话	（010）52612345（总编室）　（010）52612335（编辑室） （010）52612311（营销部）　（010）52612315（新技术部）
传　　真	（010）66515838
经　　销	全国新华书店
印　　刷	佳兴达印刷（天津）有限公司
开　　本	787 毫米 ×1092 毫米 1/32
字　　数	110 千字
印　　张	9.5
版　　次	2021 年 7 月第 1 版
印　　次	2021 年 7 月第 1 次印刷
定　　价	48.00 元

新浪微博	@中央编译出版社　　微　信　中央编译出版社（ID：cctphome）
淘宝店铺	中央编译出版社直销店（http://shop108367160.taobao.com）（010）52612322

本社常年法律顾问：北京市吴栾赵阎律师事务所律师　闫军　梁勤
凡有印装质量问题，本社负责调换，电话：（010）52612317